発達と指導をつむぐ

教育と療育のための試論

文・写真 白石正久
SHIRAISHI Masahisa

発達と指導をつむぐ

はじめに

　本書の目的を一言で言うならば、障害のある子どもたちの教育や療育において、子どもたちを発達過程のなかにある存在としてとらえ、その認識を指導に生かすための視点を論じようとするものである。
　子どもたちは、教育や療育の対象であるが、それはけっして客体であることを意味するのではない。客体でありつつ、同時に発達の主体として発達要求をもち、自らを対象化して「こうありたい」と願っている。そして、教育や療育に対して、それを規定する社会に対して、「こうしてほしい」と訴えかけている。
　こういった願いは、残念ながら彼ら自身の言葉によって表現されることはない。しかし、聞こえてこないからと言って、その言葉の意味するところを等閑視してはならないだろう。障害の有無によらず子どもは、言葉にならない言葉で私たちに語りかけ、訴えかけて、その発達要求を実現していく道を、ともに創り出したいと願っている存在である。
　特別支援教育や療育においては、「個別の指導計画」「個別の（教育）支援計画」の作成が義務づけられ、その内容は、PDCAサイクルによって検証可能な、目に見える変化についての目標とそれに応える方法の設定が期待されるものになっている。さらに言えば、目に見えないことを目標として設定することは、意図的に排除されようとしている。
　若い教師や指導員は、志をもってその仕事につき、子どもへの深い愛情をもって働き続けたいと願っているに違いない。しかし、現実の労働においては、担当の子どもの「個別の指導計画」「個別の（教育）支援計画」を期日までに作成することに追い立てられ、かつ、目に見えて変化する

機能・能力以外の目標を記載することを、管理者から戒められたりする。
　子どもはその若い指導者に対して、多くの笑顔も見せてくれるが、ときにいらだち、さまざまな行動で怒りを露わにする。「何を怒っているのだろうか」、そう考えると眠れぬ夜が長く続く。
　その問いに正直に働けばよいのではないか、私はそう考える。「子どもの願いをわかりたい」、その要求をもって働いていこうではないか、私はそう思う。
　言葉にならない言葉で語りかけてくる子どもの事実をていねいに記録し、その内面にあるものへの気づきを書き加えてみる。そして同僚にその気づきを語ってみる。自らの気づきの内容を修正しながら、書きためられていく子どもの事実を、実践記録、実践報告として書きあげ、勇気をもって研究会で報告してみる。自分のいたらなさを感じることも多いが、「子どもの願いをわかりたい」というのは、けっして孤独な思いではないことも知り、勇気づけられていく。
　本書は、子どもの事実に対して忠実に実践研究を行おうとする指導者集団に対して、その事実のなかにある子どもの発達要求を探るための手がかりでありたいと思い、書き進めた私の論集である。一つひとつが独立したものであるので内容の重複もあるが、それは私の強調したい事項として、ご理解願いたい。また、私の論じるところが実践の上に立つようなことはあってはならないと思う。子どもの事実に忠実な実践研究において、本書を批判的に検討していただくことができるならば、うれしいことである。

発達と指導をつむぐ　教育と療育のための試論

もくじ

はじめに　4

第1章　療育に求められるもの ―――――――――――――― 9
1　障害のある子どもと家族にとっての乳幼児期　10
2　実践研究の大切さ　14
実践研究の積み重ねによる療育者の育ち／「気づき」を支える実践研究／何のための療育なのかという目的・目標を吟味することの大切さ／「気づき」のための専門職の相互連携
3　発達理解の大切さ　20
発達理論の学習を実践に生かす前提／発達の法則的理解／発達への見通し
4　療育の内容・方法の原則　26
集団のなかで発達する／生活・文化を発達の源泉として組織する／生活・文化を創造する／子どもらしい生活を提供できる地域療育システム
5　親とともに創る療育　31
療育の大切さは通うなかで認識されていく／療育からの公的責任の後退／療育を守り発展させていくために

第2章　療育における指導とは何か ――――――――――― 37
1　1969年、近江学園生活第1班の実践　39
「ていねいな指導」をめぐる意見の対立／意見の相違を明確にした上での一致点に基づく療育／ぶつかり合い、共同しながら、活動を創造する子どもたち／発達のための基礎成分／きっかけは「湖畔学舎」での子どもの主体性の発見／大人の教育的意図のありようを凝視する子どもたち

2　生活の教育的組織化の実践における分岐点　48
　　　　生活の教育的組織化とは何か／意味・価値を共有し、主体的に学習することの大切さ
　　3　親と共同でみつめ合う子どもの発達可能性　52
　　4　学習、形成、発達の区別と連関　54
　　5　指導と支援の価値共有関係の相違　58
　　　　指導は「はたらきかけるものがはたらきかけられる」関係での価値創造／「支援」に潜在する一方向性

第3章　子どもが意味や価値を発見できる教育 ─── 63

　　1　四つの実践論から　64
　　　　子どもの歴史をみつめる／葛藤をのりこえる発達の主体を形成する／地域の中で自分らしく働くことを知る／文化と発達の系をつなぐ
　　2　子どもと外界を媒介する発達　69
　　　　発達を知ることの大切さ／認識の過程と感情・意志の過程が統合される発達／矛盾を発達の原動力として内包する過程
　　3　子どもが意味や価値を認識できる指導　75
　　　　子どもを常に創造の主体としてとらえる／子どもの生活史への想像によって教材に価値を吹き込む／生きる力としての価値をもつ文化、そして芸術／子どもの労働の価値を地域の中で相互承認する

第4章　教材研究に発達の視点を生かす ─── 83

　　1　発達的認識とは何か　85
　　　　「発達の状況」を理解するとは／「みかけの重度」の意味すること／発達的認識として求められること
　　2　子どもと教材がつくる単位　89
　　　　文化を取り入れる単位／乳児期の発達の階層における単位／幼児期・学童期前半の発達の階層における単位／教材と子どもを媒介する指導の役割
　　3　教材研究という回路　96
　　　　感情の過程への視野／感情の過程と生活の歴史／「懐かしさ」の意味するもの／普遍性ある単位の認識と個別性の認識の統合
　　4　教育目的・教育目標への問い　105

第5章　発達の過程と指導の視点 ───── 109

1　乳児期前半の発達の階層と指導の視点　112

快・不快の情動分化と心地よい存在としての他者への志向性／生後4か月頃の主客を転倒させる「生後第1の新しい発達の原動力」の生成──「人識り初めし微笑」など／「生後第1の新しい発達の原動力」の生成の障害

2　乳児期後半の発達の階層と指導の視点　119

「一つ」から「もう一つ」への志向性／乳児期後半の発達の階層への移行における障害／生後10か月頃の主客を転倒させる「生後第2の新しい発達の原動力」の生成─定位的活動の芽生えなど／「生後第2の新しい発達の原動力」の生成の障害／外界との「間」の形成／1歳半の発達の質的転換期へ向かう思春期の心理

3　1歳半の発達の質的転換期と指導の視点　132

1歳半の発達の質的転換期と発達の連関／発達の諸力の連関を主導する自我／自己を対象化し復元させる力と2次元の萌芽

4　対比的認識と二つの操作の「結合」が獲得され始める発達段階と指導の視点　140

「○○してから□□する」という「2次元形成」／「わかりたいけれど、わからない」という不安／「大きい自分になりたい」願い／「より良い自分」を選び取りたい／生活こそ表象の力を育む大地

5　「○○しながら□□する」という二つの変数を結合する発達段階と指導の視点　151

6　系列的認識の獲得される発達段階と指導の視点　156

5、6歳頃の主客を転倒させる「生後第3の新しい発達の原動力」の生成──系列的認識と「だんだん大きくなる」自分への願い／「大きくなりたいがなれない」自分／他者への視点変換と「やさしい導き手」への願い

7　発達理論の指し示すところ　161

おわりに　163

発達と指導をつむぐ

第1章

療育に求められるもの

1　障害のある子どもと家族にとっての乳幼児期

　特別支援学校の教師は、特に関心がない限り乳幼児期の療育や保育の実態について、知ることはないかもしれない。しかし乳幼児期は、障害の発見、告知、そして子どもや家族への援助や療育へと進む、当事者にとっては密度の濃い時間だ。
　母親の多くは学校教育に先立つ乳幼児期での療育に、障害のある子どもの親としての人生の出発点を見出している。それは至極あたりまえのことであるが。その障害のある子どもと親にとっての乳幼児期の意味を、簡単に整理しておきたい。
　出生時に障害が発見され、ほどなく親に告げられることも増えた。なかでもダウン症候群は、出産入院中に、その疑いがあることを告げられ、染色体検査へと進むことが多い。脳性まひや難治性てんかんも、その疾患や障害が診断されるのは、乳児期であって、そのころに訓練や治療のための入院生活を送るケースも多い。
　知的障害ならば、「乳児健診」（健康診査なので、検診ではない）、あるいは１歳中頃に実施される「１歳６か月児健診」において、保健師や心理（発達）相談員によって把握され、何回かの経過観察を経て、親に伝えられることになる。「障害があるかもしれない」という大きな不安を抱えての経過観察は、その会場である保健センターや保健所への道程も含めて、親にとってはもっとも辛く厳しい時間だろう。
　自らが悪性腫瘍などの重篤な疾患をもった場合にも、その病を受け止めていくことは容易なことではないという。我が子の障害を受容していく過程も、類似して推移する。大江健三郎は、上田敏の論稿に拠りながら、自らも障害のある子どもの父である実感を込めて随筆で語ってくれている（参考文献①43〜54ページ）。まず精神的なショックから無関心

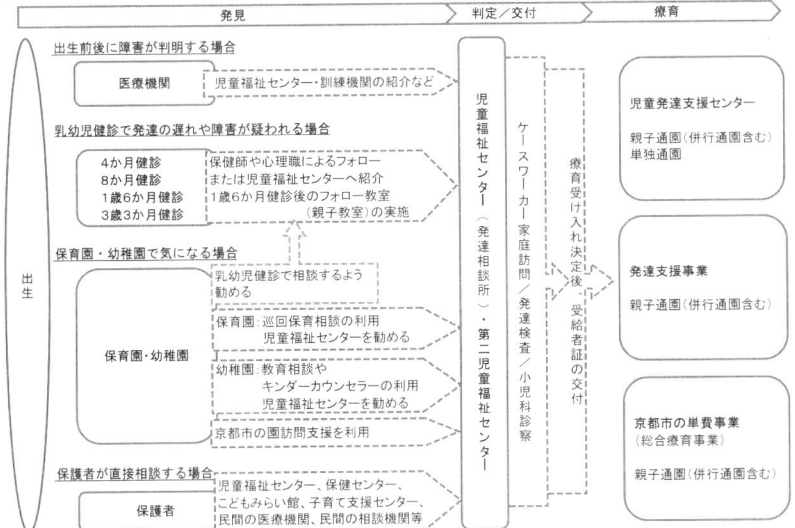

『8人のママからのメッセージ』(2013年, 全障研出版部)より (一部改変)

や人に会うことのできない心理になる「ショック期」、そんなはずはないと否定しようとする「否認期」、それを受け止めざるを得ないことを意識するようになって、恨み、悲嘆、責任転嫁の心理になる「混乱期」、そうしてようやくそれを自らの人生に引き受けようとする「解決への努力期」に至るという。そういった受容過程も厳しい生活現実のなかで崩れ、ふたたび構築していかなければならないこともある。

　このような障害受容の初期の親・家族を支えるのは、自治体の保健師や心理職、ケースワーカー、あるいは医療関係者であり、また早期からの療育である（自治体の療育システムの一つの事例を、**上図**に示す）。ほとんどの市町村に通常「親子教室」とされる初期の療育がある。3歳くらいまではこの「親子教室」に週に1〜3回ほど通い、それから新しい進路へと進んでいく。「親子教室」の通園可能日数などは自治体の出生規模、財政規模、政策理念によって、ずいぶんと格差をもつようになる。

　「親子教室」後の進路は、かつて通園施設と呼ばれた児童発達支援セ

ンター（福祉型と医療型）、児童デイサービスと呼ばれた児童発達支援事業、保育所、幼稚園、認定こども園などである。児童発達支援センター（註1）は、比較的規模の大きい自治体を中心に、児童発達支援事業（註2）は、それよりも規模の小さい市町村において設置されてきた経過がある。児童発達支援事業については、毎日通園ができるものは少ない。保育所に障害のある子どもが入所した場合には、その子どもも含む集団指導のために、「加配」と呼ばれる保育士がつけられることが一般的である。しかし、国の補助事業ではなく、市町村の事業として地方交付税交付金で予算措置が取られているので、「親子教室」の実施状況と同様に、「加配」のつけ方にも市町村格差が大きい。

このような早期対応と称される療育の現場とは、どのようなところなのかを紹介するために、全障研の『みんなのねがい』に「自閉症の人たちとともに生きる私たちに求められるもの」として筆者が書いた小文を引用する。

療育は新しい人生の出発点

親が追いつけない多動、幾日も眠らない不眠、一つのものしか口にしない偏食、そして、何に怒っているのかを理解できないパニックなど、自閉症児の幼児期の姿は、親を苦しめます。それは、理解してやれない、辛さを取り除いてやれない情けなさや、愛したいのに愛せない葛藤が、引き起こしている苦しみでした。かわいいと思えない、素直に愛すことができないのは、親としての自分に欠点があるからではないかという思いにとらわれ、自らでは制することのできない虐待に及んでしまった日々のことも、親へのアンケートには記されていました。

そんな先の見えない不安な日々のなかで、多くの家庭に転機を与えてくれるのが、通園施設や児童デイサービス事業などの療育です。できないことばかりではない、現にできることもある、理解しにくい行動にも子どもなりのやむにやまれぬわけがある、そして子ども自身も変わろう

とがんばっているという事実を、療育のなかで目にしたときに、「抱きしめてやりたい」思いや、将来への希望がわいてきます。それは、子どもの真実を理解するまなざしを、親が獲得するときでもあります。療育は、まず発達の事実によって、親を支えることができるのです。

しかも、職員の「親も苦しいけれど、一番苦しいのは本人なんだよ」という一言や、パニックを起こしても辛抱強く受け止めながら「かわいい」と言ってくれたやさしいことばによって、忘れることのできない転機が与えられているのです。それはおそらく、自分はこのままで、この子の親であっていいんだということを気づかせてくれる一言だったのでしょう。この言葉を語ったときの職員には、それが親の心に届くようにと願う強い思いがあったはずです。

さらに療育の場には、困っていることを共有しあい、言葉を尽くさなくてもわかりあえる親の仲間がいます。大変な出来事があっても、それをユーモアで笑いあい、いっしょに涙も流してくれる仲間がいます。苦しんでいるのは自分だけではないという思いは、現実と向き合う力を与えてくれます。それは、仲間の顔が見えなくても、心のなかで言葉を交わしあうことのできる内的フォーラムが作られていくときなのです。

もちろん、幼児期のお母さんを支えているのは、療育での人間関係だけではありません。「この子が幸せに生きられるようにがんばろう」と語ったお父さんの言葉が、いつまでも心の支えになっているとアンケートに書かれていました。しかも、多くの場合にお父さんは、あまり語らず自らの姿勢で、理解しにくい状態のなかにあるわが子のことを、自分なりに理解しようとしてくれています。その姿に、お母さんは、支えられているのです。

つまり、障害受容期には、ともに生きるものの人格によって支えられるという営みがあります。

（みんなのねがい　2008年8月号）

2 実践研究の大切さ

実践研究の積み重ねによる療育者の育ち

　筆者は、堺市社会福祉事業団職員集団とおよそ10年間の実践研究を共同で進めてきた。その成果を、『「この子の願いをわかりたい」からはじまる療育──堺市社会福祉事業団5園の実践』（参考文献④）として公刊した。ここではその研究を踏まえて、療育に必要なものは何かを整理してみたい。

　教師と同様に、療育の場ではたらく保育士や児童指導員にも若くて苦しい時期がある。それは、いろいろな情けなさを感じざるをえない過程である。発達相談員として働き始めた私にも、その時期はあった。子どもに噛まれたとき、期待通りに子どもが反応してくれなかったとき、それを見て保護者が暗い表情になったとき。重い心を抱えて家路につくことになる。その情けない自分のしごとを、同僚はどう見ているのだろうかなどとも考えてしまう。

　しかし、自分の心理状態にはお構いなしに、子どもは翌朝も園にやってきてくれる。自分の療育がすぐに上手になるわけではないが、考えうる工夫を施し、かかわり方を変化させてみて、今日の療育を始める。あるいは胸につかえたものを同僚に語ってみて、気持ちが楽になることもある。

　若い職員を支えることは、けっしてほめることや受け入れることだけではないし、その逆に手取り足取り厳しく指導することでもない。いつまでも自分の失敗にばかり目を向けたり、力のなさを嘆いても何も変わらないということを、しっかりと伝えるべきだと思う。私たちがそうであったように、療育者としてたしかな力をつけるということは、指導技術を磨くだけでは達成されない。むしろ生きる姿勢として、自分の可能

性を信頼し、今日できることを「とりあえず」の気持ちでコツコツと積み重ねていく。それは、自分の未熟さにばかり集中する心を転じて、子どもの願いに耳を傾け、子どもは自分にどうしてほしいと思っているのかを考えることである。私がこの子をなんとかしなければならないという思いで、子どもをはたらきかけるべき対象として見ているときには、ほとんど何も見えてこない。

　子どもの願いを理解し、療育者である自分に何を望んでいるのかを理解するために、私たちはどうしたらよいか。手っ取り早い方法はないと思う。「気づき」を日々ノートに書き留め、そのことを同僚と語り合い、実践を積み重ねていくなかで、子どもの側にある苦労や心配が、しだいに見えるようになってくる。そのことを通じて療育者は、小さなまなざしの向かう先、からだや手足のどこかで表現されるしぐさ、突然立ち止まったり高いところに上ったりする行動にも意味があることを発見できるようになっていく。

　そういったけっして短くない時間の積み重ねのなかで、療育者は子どもをはたらきかけるべき存在という一方向の関係性ではなく、子どもの本当のことを理解しよう受け止めようという姿勢をもって、向き合うことができるようになっていく。はたらきかける者が、はたらきかけられていることに気づくのである。

「気づき」を支える実践研究

　その一つひとつのきっかけとなる子どもへの「気づき」は、偶然の所産のように感じられるかもしれないが、その偶然を必然化する経路が存在している。

　どのような障害をもとうとも、その障害ゆえに子どもは不器用な自分を実感せざるをえない。

　言うまでもなく、脳性まひなどの身体障害をもっている子どもは、身体運動によって自らの意思を表現することがむずかしい。それは移動の

困難であり、コミュニケーションの困難でもある。

　自閉症の子どもも、言葉だけではなく表情や身体運動によっても、だれにもわかるような表現をすることは容易ではない。そのために苦労して「問題」行動とされるような表現をとったり、「常同」行動とされる発声や身体運動を行ったりする。「知的障害がない」とされる自閉症の子どもは、はるかに自由な表現手段をもってはいるが、状況と自他の心理を理解してのコミュニケーションを行うことはむずかしい。自閉症の子どもは、実は全身の協応運動や手指の操作にも、顕著な不器用さがある。

　そういった不器用さを自ら感じたとき、あるいはその不器用さに注目し、まずそれから改善しようとする指導者と向き合ったとき、この子らの心は立ちすくんでしまう。その「立ちすくむ」心は、いろいろな行動となって現れるので、その背後にある子どもの心を見出すのは容易なことではない。

　先にも述べたが、私は、子ども理解はまず子どもの姿を書き留めることから始まると思っている。目にとまった子どもの姿と、そのことにかかわった療育の内容を書き留めた実践記録は、子どもの事実を拾い、そのことを療育者がなぜ大切なことと認識したのか、そのことに対してどうはたらきかけようとしたのかを共有するために、なくてはならない資料である。可能ならば、映像を記録してみることも大切だ。それは、そのときその場では療育者の目の届かなかった事実を記録してくれる。

　メモ程度であっても書き留めることを通じて、私たちは子どもの活動の特徴のみならず、それに注目している子どもを見る自分の目を認識していく。そのことの積み重ねのなかで、子どもを見る目が、精緻になっていく。その記録をもとにして実践報告を書き発表することは骨の折れることだが、この同僚のなかでの検討を通して、自分の視点のいたらなさも、たしかさも発見していくことができる。

何のための療育なのかという目的・目標を吟味することの大切さ

　この目には見えないものを見えるようにしていく過程には、時間もエネルギーも費やすので、職場のなかでその時間を確保することは容易ではない。その前に、個別の指導計画も個別の支援計画も書かねばならなかったりする。そして、記録を取り、実践報告を書き、職員集団で検討する時間は、今日の施設への報酬のなかでは考慮されていない。当然のことながら、施設経営者の立場からは、報酬に結びつかない労働として疎んじられることもある。

　そういった現実と呼応するように、子どもの行動の裏にある「立ちすくむ心」、そしてその背後にある本当の発達への願いなどは、とらえることはできないし、またそうする必要もないという考え方も広がっていく。認識できるのは、子どもの行動として現れる現象についてだけなのであって、目に見えないことは実在しないという考え方がある。あるいは、数的量的変化などの客観的な指標によって表現できないものはエビデンス（証拠、論拠）に乏しく、妥当性を証明することはできないとする考え方も強くなっている。計画し（plan）、実行し（do）、計画の妥当性を検証して（check）、次の行動に結びつける（act）というPDCAサイクルが、いろいろな労働の場で求められ、教育や療育でもあたりまえのように使われるようになっている。PDCAサイクルは、人間の活動の妥当性を検証し、改善していくサイクルとして認識するならば批判する必要のない方法である。しかし、問われなければならないのは、このサイクルによって何を実現していこうとしているのかという目的・目標である。PDCAサイクルを用いる療育において、目的・目標として期待されているのは、大人が子どもに求める「望ましい行動」であって、療育計画によって、その行動がいかに増減したかが検証され、望ましいことが増えれば適切と評価され、その療育計画は継続し、評価されなければ修正され、場合によっては、当初の目標の追求がいっそう強化・徹底されたりする。

この「望ましいこと」は、今日の療育や教育実践において多くの場合、「〇〇ができる」という技能や能力、あるいは行動のことであり、それは目に見える具体的な成果として確認されるものである。PDCAサイクルによって、その行動上の変化を点検し、療育計画やその方法の妥当性が問われることはあっても、最初に設定された目的・目標の背後にある価値観は問われることはない。その目的・目標は、あくまで大人の「望ましい」あるいは「望ましくない」とした価値判断によって設定されたものなのであり、その大人、あるいは職場、あるいは社会の子どもを見る視点、療育や教育とは何かにかかわる意識、つまり子ども観、療育観がいかなるものであるかに強く規定されることになる。

　残念ながら多くの療育の場において、子どもが何を思い、願い、発達への要求はいかなるものか、そしてその実現のために療育に何を求めているのかは見過ごされている。極論すれば、これらの子どもの内面にあるものを大人が無視した場合、療育や教育は大人の思うがまま、なすがままに子どもを育てることになってしまう。子どもの内面への視点を欠いた療育は、ますます子どもの内面への探求を弱め、大人本位の視点に支配されていくことだろう。

　そうは言っても、子どもの内面は見えないので、それを指導の対象とした療育はできないというならば、それにどう応えるか。私は、たしかにすぐには子どもの内面にあるもの、その真実を知ることはできないけれど、それをとらえよう、大切にしようという基本姿勢をもっていること、あるいはもとうとする姿勢があることが大切だと考える。その姿勢をもって子どもにはたらきかけてみて、そこにある子どもの姿から探求し、大人の目の及ばなかったことを発見し、適切でなかった視点や方法を修正して、だんだん本当の子どもの思い、願いに近づくことができる。つまり対象にはたらきかけるという実践を通じて、私たちも子どもからはたらき返され、見えないものも見えるようになるのである。私は、PDCAサイクルではなく実践という言葉をあえて使いたいと思う。

この「実践」という言葉を、「PDCAサイクル」に置き換えることはできないだろう。なぜならば、PDCAサイクルは、産業、企業における生産や産品の品質管理、利潤管理を目的として提案された手法であり、それが援用される領域を広げても、一元的な目に見える現象的な事実への評価であることにかわりはない。つまりPDCAサイクルには、現象的事実の量や質の改善を至上の目標とする哲学が内在しているのであり、これを使うことによって、この哲学に私たちの目が支配されていく。
　しかし療育や教育が対象とする人間において、目に見える現象的な事実はほんの一部であり、その背後には感情、意欲、意志などの情意の世界がある。それらを含めて子どもは、容易には感知することのできない一人ひとりの人格をもっている。また、子どもが療育をどう評価しているのかということも見落としてはならない。これらすべてが療育の対象である。子どもにとっての視点で評価する、つまり評価する者が評価されているという二重性を認識していることが大切である。

「気づき」のための専門職の相互連携

　このような一人ひとりの療育者の子どもの内面への「気づき」の過程は、同僚の発見や同僚からの意見に学びつつ、自らの視点や療育の仕方を顧みる過程においてたしかさを増していく。だから職場には、お互いの気づきを語り合う自由な時間が潤沢にあったほうがよい。
　また、保育職だけではなく、医師、看護師、理学療法士、作業療法士、言語聴覚士、栄養士、調理師など、それぞれの専門性のある職種が、療育の場で子どもにかかわり、自らの目で、子どもの姿をとらえ、発言できるような複眼による療育体制の構築が求められる。たとえば、保育士には、子どもがその活動に意欲をもてずに立ち去ってしまったと見えても、理学療法士には、うまく姿勢転換できないゆえに気持ちが続かないと見えることもある。
　このような専門職の配置が法律で定められているわけではないので、

その人件費を国費で補助することは、一部の補助事業を除いて実施されていない。堺市の児童発達支援センターをはじめ、政令指定都市などで先行事例として実施されているものに学び、専門職の配置の制度化を国に求めたい。

　先に挙げた『「この子の願いをわかりたい」からはじまる療育』では、堺市の児童発達支援センターのそれぞれの専門職が、互いの子ども観、療育観をたしかめ合いつつ、療育をより良いものにするために「気づき」を出し合うようすが書かれている。そのように専門職の配置による複眼体制は、子どもにとっては生活に他ならない療育の時間のなかで、障害からの制限をできるだけ受けずに心地よく活動できる方法を、ともに考えるものであってほしい。

　それぞれの専門職が、自らの専門性のみから保育スタッフに助言を行うと、保育士や児童指導員の観点やねらいとずれることも起こりうる。そういった意見の食い違いはあって当然だが、何を一番大切なこととして考えるのかを確認し合いながら、議論を進めるべきだろう。たとえば、理学療法士や作業療法士からみれば、脳性まひにとってよくない姿勢であっても、子どもの心が能動的に対象に向かっているゆえに、そうなってしまうこともある。子どもの気持ちを大切にしつつ、適切な姿勢を保持するためにどうしたらよいのかという文字通りの複眼での議論が求められる。

3　発達理解の大切さ

発達理論の学習を実践に生かす前提

　「気づき」を支える基盤には、発達や障害に関する理論との対話も含まれる。理論は、実践に対してどんな貢献をするのだろう。なかでも、発達に障害のある子どもたちにとっての発達理論、そしてそれを学習す

ることの意義について考えてみたい。

　発達理論にも、さまざまなものがある。私は、「可逆操作の高次化における階層-段階理論」に依拠することが多い。これは、1960年代からの滋賀県立近江学園の発達保障の実践に発して、田中昌人らによって形成されてきた発達理論（参考文献⑥）である。私は、大学において田中から学び、そして乳幼児健診や医療機関で、この理論を手がかりとする発達診断・発達相談の実践に参加し、自らの方法を形成してきた。

　そういった私の依拠するところから、発達理論とは何か、なぜ大切なのかを記したい。

　発達とは、子どもが外界にはたらきかけ、そこで外界と自分に起こった変化や新しく創造した事実を取り込み、さまざまな機能、能力、人間的な感情を獲得し、新しい自己を形成していく過程である。

　発達は単に上に伸長していくような高次化の過程のみではなく、さまざまな場面、対象、人間関係において、その活動が普遍化していくといういわば「横への広がり」を内包した過程でもある。このような外界と自己にはたらきかける主体の活動が、どのような状態であり、その背後にいかなる発達の法則性があるのかを認識することが、発達理解と言われるものである。

　わが国において、子どもを教育・療育の客体としてのみ認識することから、発達の主体として認識することへと視点が転換していく一つの契機になったのが、糸賀一雄らの設立による近江学園、びわこ学園での施設実践や理論研究であった。たとえば「寝たきり」としてとらえられていた重症児が、力の限りに腰を浮かして、オムツを換える保育士を手助けしようとしている姿、「動き回る」としてとらえられていた多動な子どもが、その動きのなかで、すくってはこぼし、押しては戻すという動きによって、新しい活動の様式をつかみ取ろうとしている姿に気づき、そこで働く人々は、障害の重い子どもをも、外界と自分自身を変革していこうとしている発達の主体として認識できるようになっていった。

発達の法則的理解

　このような視点の歴史的転換において確認されていった発達の見方の一端は、以下のように整理される。そして、このような法則性において子どもの発達を理解するとき、いかなる療育の内容・方法をもって子どもにはたらきかけるのかという検討も始まる。

●**連関の視点**

　人間は、さまざまな機能・能力の寄せ集めの集合体ではなく、それぞれの機能・能力が関係し合い、まとまりのある存在と活動をつくりながら発達していく。そして、人間としての不可分な全体をつくりあげていく。このような「つながり合い」のことを機能連関という。これは、ある機能・能力にのみはたらきかけるような指導の偏りや一面性に陥らないための視点を与えてくれる。また、ある時期に獲得されつつあるつながりの構造が、後のつながりの構造に発展していくことを、時系列の縦のつながりとして発達連関という。これは、今、どのような力を育てることが、後の発達段階の基盤をつくることになるのか、あるいは、かつて、どのような力の制約があり、今の発達障害が顕在化してきたのかというような縦断的かつ遡及的な分析をする視点や指導の見通しを得る手がかりになる。

●**発達の質的転換の視点**

　子どもは、外界へはたらきかける実践を通じて経験と能力を拡大していくが、そういった過程のなかで発達には飛躍ともいうべき変化が起こる。つまり発達は、できないことが徐々にできるようになるという漸進的な過程ではなく、ある時期に新しい質をもった活動が飛躍的に拡大してくる発達の質的転換期をもっている。

　このような発達の質的転換期から次の質的転換期までを、一つの発達段階として把握することができる。

　たとえば、生後6、7か月頃には、姿勢や運動においては座位や寝返りが可能になる。手の活動においてはモノへの到達と把握が可能になる。

そして子どもから他者に微笑みかけ、喃語様の発声で語りかけるようになるなどの質的な変化がうかがえる。1歳中頃には、歩行と走行が獲得され、足から布団に入り、足から滑り台を滑るという方向転換が可能になる。手首の回転を調整しながらスプーンを使い、グルグル丸である円錯画が描けるようになる。そして話し言葉が急速に拡大していくという質的な変化がうかがえる。6、7か月頃には、思い通りにならない手の把握運動に情けなさそうにいらだち、1歳中頃には崩れた積木に当たり散らすようになるが、そういった葛藤する感情のなかから、自分自身を調整し立ち直ろうとする姿もみえるようになる。

　この質的な変化は容易なことではないので、いっけん退行的行動が出現することもある。そのような現象的な危機の姿は、実は質的転換のための前向きな格闘が発達の内部で行われていることの現れでもある。大人からみれば否定的に評価せざるをえない「問題行動」にも、子どもの前進的な発達のエネルギーが潜在していることも多く、これを発達保障の実践研究では、「問題行動」は発達要求の現れであると表現してきた。

●発達の原動力を、内的矛盾に求める視点

　子どもには主体性が存在している。主体性とは、何だろうか。子どもは、見たもの、聞いたもの、触れたものに対して感じ、感動して、からだも手も動くようになる。動き出した心は、活動の主体としての要求をもつようになり、からだと手を駆使し、言葉の力も借りて、自らの要求である目的を達成しようと欲するようになる。要求は、仲間を欲し、同じものがほしい、同じようにしたいなどの願いとなり、多くの対人的葛藤を経験するようになる。その経験のなかから、自らの心とからだをコントロールし、仲間のことを尊重できる主体へと発達していく。つまり、要求の主体であればこそ、外界にはたらきかけ、自らを高め、他者とともに生活する力を獲得していくことができる。

　この主体的な要求は、○○を食べたい、□□へ行きたいというような欲求のレベルではなく、自己を形成し、変革していくことの要求である。

小川太郎は、「発達はたんに起こるのではなくて達成されるのである。発達は子どもの主体的な達成と見なさなければならない」（参考文献② 56ページ）と整理した。

　つまり、主体としての子どもには、「食べたい・飲みたい・遊びたい」などというような生活における具体的な欲求とは区別されて、発達要求と称すべき願いがある。発達要求は、「あんなことができるようになりたい」「こんな人になりたい」と説明するのがわかりやすいだろう。本人が意識していないことも含めて、子どもにはさまざまな発達要求がある。さらにその発達要求は、それぞれの発達段階において質的な特徴を変化させていく。

　旧ソ連の心理学者コスチュークは、「子どもの発達の原動力は、子どもの生活、かれの活動、まわりの社会的環境とかれとの相互関係のなかで生じた内的矛盾である」（参考文献③ 114ページ）と述べている。つまり、発達要求をもった主体は、環境、生活、そして他者や自分と向き合い、思い通りにはならない現実と出会い、それを克服する方向で発達の道すじを歩き始める。発達要求は、自分の変化を願うからこそ存在するのであり、逆に現実の自分は、発達要求があるからこそ意識化される。このように、互いに他を必要としながら、退け合い対立している関係を矛盾という。矛盾する関係は、そのままの状態で両立し続けることがむずかしく、それを解決するための変化や運動が起こらざるをえない。そのことによって、主体の内にある矛盾、つまり内的矛盾は、変化・発展を引き起こす原動力となることができる。一般に矛盾は、話のつじつまが合わないというような論理のくいちがいを言うが、ここで述べる矛盾は、互いに対立し合いつつ、他を必要としている関係のことである。これは、弁証法的矛盾とされている。

　発達は、このような内的矛盾によってひきおこされる自己運動であり、それに対して指導は、このような内的矛盾を生成させ、それにはたらきかけて自己運動を導く条件の一つであり、もっとも意識的な作用である。

コスチュークは、「発達を自己運動として理解することは、この運動を教育的に指導するという課題を捨て去るものではなく、その実現に成功する道をさし示すものである」とした上で、発達をうながす教育は、「子どもの自己運動をたくみによびおこし、これに方向性をあたえ、子どもの創意性、自主性、創造的な積極性、自分の行動を調整し改善する能力などの形成を促進する」（参考文献③116ページ）ものであるとしている。
　このような矛盾は、運動、認知、コミュニケーションなどの機能・能力の領域においてのみ生まれるのではなく、感情・意志などの情意の領域において、さまざまな葛藤を引き起こすのであり、だからこそ矛盾の克服過程は、支え合う人間関係、達成感、「きっとうまくいく、もっとがんばってみよう」という自己信頼を育んでいく契機になる。
　しかし、注意が必要な問題がある。たとえば大人が提示した課題を、子どもが自らの課題として引き受け、その課題と現下の発達の間にズレが生じたからといって、それがすべて内的矛盾、すなわち発達の原動力になるわけではない。たとえば子どもが「できるようになりたい、わかるようになりたい」と思っても、それが自らの力では、あるいはいかなる療育をもってしても、解決不可能な課題レベルであることもないとは言えない。
　そこで問われるのが、子どもの要求や療育の意図とは区別された、がんばれば解決が可能な範囲やレベルにおいて課題を設定しうるかどうかということである。この範囲やレベルにおいて、子どもや大人の要求・意図から区別され、客観的に存在する内的矛盾は生成する。こういった内的矛盾の生成してくる状態への探究を欠くと、療育の提示した課題を子どもが自らの課題として引き受ければ、そこに内的矛盾が生まれ、発達の原動力としての役割を果たすことになるというような療育と発達の機械的な関係理解を引き起こしてしまう。
　一言付け加えれば、このような子どもの発達過程に存在する内的矛盾は、目に見える形で子どもの葛藤や不安を引き起こす。この葛藤や不安

は、内的矛盾そのものではないが、この葛藤に心を寄せる姿勢なくして療育は成り立たないしその背後にある内的矛盾をとらえることもできないだろう。

発達への見通し

　発達についての学習のなかから、子どもが外界や自己にはたらきかけようとしている活動のレベル（段階）や発達要求をとらえる視点を獲得し、それに応じて療育の内容を考える手がかりを得ることができる。つまり、発達理論が子どもを理解する手がかりを与えてくれ、実践の展開を見通す水先案内人の役割を果たしてくれる。

　ただし大切なことは、この手がかりは仮説であって、それは療育の実践を通じて妥当性が検証されていくべきものだということだ。いくら理論に学んでも的外れな子ども理解になる場合もあり、あるいは適切な発達理解と実践であったゆえに、子どもは目覚ましく発達し、当初立てていた見通しを子どもが超えていってしまうこともある。つまり、理論を鵜呑みにしてそれに従属せず、実践のなかで一人ひとりの子どもに応じて検討していく姿勢が必要である。発達の理論学習を生かすためには、子どもの事実を観察、記録、分析し、事実に即して実践過程を検討していく実践研究の力量が求められている。

4　療育の内容・方法の原則

集団のなかで発達する

　前節で述べたように、発達の一つの側面は、発達要求が質的に変化していくということである。その発達要求は、他者との関係のなかで意識化され拡大していく。大人は発達要求を受け止め、方向づけ、そして、子どもの活動を意味づけ、価値づけていこうとする。しかし、それだけ

では広がりや深みをもった発達を実現していくことはできない。たとえば、発達要求は他者への憧れという感情によって触発される。子どもには、憧れの対象となるべき仲間が必要である。憧れの対象は、ライバルになることもあり、嫉妬という感情も生まれる。発達要求や内的矛盾があるゆえの「ビビり」「情けなさ」も大切な感情であり、それを克服したときの「誇らしさ」が味わえるまで、子どもを導いてやりたい。これらはすべて人間を成り立たせている大切な感情である。

療育の子ども集団は、子どもが最初に出会う社会である。この社会への「デビュー」に対して、子どもは多大なエネルギーを費やす。障害があればなおさら、外界への過敏さや不安、自己への不安を抱き、集団のなかに居続けることへの精神的負担を強いられる。

このような不安感に子どもが苛まれているときに、その不安を支えるために「寄り添う」ことの大切さが強調される。そのやさしい心理的支えは必要だが、「寄り添う」ことで、往々にして大人の不安感を子どもが感じて、自分の不安感を増幅するような共鳴関係になってしまうことがある。さまざまな心理的抵抗を乗り越えていくために大切なことは、心理的支えになりつつ、同時に「ともに同じ方向を向いて」生活を創ることだと私は考えている。それはむずかしいことではなく、生活を楽しみ、喜びを感じ合う姿勢から始まるのではないか。そして、この楽しみ、喜びは子どもの生活の一番大切な構成要素なのではないか。

子どもが楽しいと感じるものごとには、大人からみるならば、いったいどんな意味があるのかと問いかけてみたくなるようなことも多い。とくに自閉症スペクトラムの子どもは、何でこんなことが好きなのかと周囲に感じさせる事物や行動をもっている。しかし、彼らが本当に魅せられているものに相対するときは、眉間の皺はとれて喜びに溢れている。そこから気づくのだが、私たちは大人からみて意味や価値のあることを彼らに求めすぎてはいないか。

実は、何でこんなことが楽しいのか、何でこんなものが好きなのか、

何でこんな「言葉あそび」に戯れるのかという、大人にとっては「何で？」と思うことが、子どもにとっては仲間と共感し、心を一体化させていく、とても大切な役割をしている。そして、仲間とつながり合う活動は、言うまでもなく、場面参加への不安を取り除く作用をしてくれる。

生活・文化を発達の源泉として組織する

　大人からみて意味や価値のあることを彼らに求めすぎではないかと書いたが、私たちは、気づかないうちに、子どもにとってむき出しの課題提示を行っていることがある。発達的に意味のある活動を保障することは大切だが、子どもはそのような活動に、「ちょっとむずかしいかな」という思いをもって挑戦するゆえに、不安やストレスを感じるものだ。あるいは活動に込められた大人の課題意識や評価の視点を感じて、緊張することもある。ここではそれを、「むき出しの課題」と表現した。

　そのようなときに、あるいはそうならないために、どうしたらよいか。子どもの心が動き出す、つまり主体性がはたらきだす活動が求められている。たとえて言うならば、子どもが自ら食べてみたくなるようなものならば、そのなかに包まれた課題も自ら食べて、消化してくれるということだ。

　本当に食べたい食事やおやつがあるから、子どもは手を使い、スプーンや箸を道具として用いて、試行錯誤しつつ、道具の使用を身につけていく。「食べなければならない」という「偏食指導」のなかではなく、食べたいと思えるような雰囲気があれば、その感情とともに、食事を口に入れることができる。楽しそうな歌やリズム遊びだから、思わず手も足も動いて、さまざまな協応運動に挑戦していく。楽しい遊びだから、それをたっぷりすることよって心満たされ、その遊びにも自らピリオドを打つことができる。つまり、その生活と文化を源泉として、そこに発達要求をもち、その生活と文化の舞台の上で、子どもは発達課題に挑戦するようになる。

生活・文化を創造する

　それぞれの園では、その歴史のなかで継承されてきた保育文化と活動がある。日々の療育の積み重ねのなかで、アレンジを繰り返してきたものも多いだろう。そして、園のある地域の文化や自然環境にも影響されて、個性豊かに創造されていく。保育文化は、実践の過程において、子どもたちとの往還を繰り返しながら、それぞれの園の個性をもつようになるし、また、そうあってほしいと思う。

　文化とは、人間がより快適で楽しく、幸福を感じるために創造してきたものであり、生活、育児方法、言語、学問、芸術、スポーツ、経済、政治、教育、倫理、宗教などの人間の創造物のすべてのことである。これに対して、人間が手を加えることなく、そのままの姿で存在しているものを、自然という。

　そのなかでも、療育において尊重されてきた文化は、生活であり、芸術やスポーツである。そして生活のなかでは自然との出会いも欠かせない。

　日々の療育には、子どもが日常生活で出会う素材や道具、そしてクッキングをはじめとする活動がある。子どもは、まず母親などの家族が使い、作るようすをみて、憧れるようになっていく。しかし、療育の場ではそういった子どもの経験のなかにあるものばかりではなく、まだ出会っていないであろう素材、道具、活動も、大切にしたい。多くの子どもは、丸ごとのスイカを知らない。それに包丁を入れると、バキッといい音がして割れ、甘い匂いといっしょに、赤いスイカの果肉が目に入る。また丸ごとの魚の姿も、多くの子どもは見たことがない。切り身ではなく、頭と尾のついた一匹を子どもの目の前で焼いて、その煙にも包まれながら美味しい匂いを感じ取らせたい。この一回の「本物体験」が、いろいろなことに興味をもつ心を育ててくれる。

　歌、リズム、リトミック、運動あそびなどでは、参加に抵抗のある子どもたちも、まるで背中の目と耳で見て聞いて、心の声で歌っているよ

うだ。それがあることによって元気になり、勇気をもって暮らせるような歌を、いっしょに歌いたい。歌もリトミックも、楽しいからこそ手をつなぎ合い、心を一つにすることができる。たとえば、「おふねがぎっちらこ」は、こわごわと友だちと手をつなぎ始める時期の子どもたちのために、長く愛されてきたわらべ歌だ。

　絵本、紙芝居、ペープサートは、その絵に引きつけられ、次への展開にワクワクし、そうすることで予期や期待の心が育つ保育教材だ。どんな絵本を選ぶのかにも、療育者の考えや感性が発揮される。療育者のお気に入りの絵本や歌があることは、子どもの心を引きつける必要条件だ。「先生の好き」が、「子どもの好き」になっていくことは、乳幼児期にあっては自然なことである。お気に入りの絵本は、歌と同じに懐かしさをともなって、子どもの人生で何度も思い出されることだろう。

　「行事」は、子どもたちにとってはいろいろな文化の詰まった玉手箱だ。行事にゆかりのある食事やおやつを食べ、年に一度のことであっても、今年の経験が来年の経験へとつながって、ワクワク行事を待つ心を育ててくれる。発表会には銀杏の黄色い葉が似合い、クリスマスには雪が似合う。子どもは行事を通して季節を感じていく。

　絵本を例にすれば、子どもの発達段階と絵本のレベルは、密接な対応関係をもっている。『いないいないばあ』(松谷みよ子文、瀬川康男絵、童心社)を、3、4歳の子どもは選ばないだろうし、『三びきのやぎのがらがらどん』(北欧民話、マーシャ・ブラウン絵、瀬田貞二訳、福音館書店)は、1歳児の心をつかむことはない。その点では、発達の力が絵本を選び、絵本が発達の力を発揮させるという往還関係が成り立つ。

　しかし、子どもが大好きになり、「好きこそものの上手なれ」の原則によって自ら広げていく文化の世界は個性的である。発達という取り入れ口に規定されながらも、子どもは大人の想定を超えて極めて貪欲に文化を摂取していく。文化はまさに食事と同じに生きるために必要なのであり、その独自の価値を過小評価してはならないだろう。発達のためにと

いう視点に、文化創造による教材づくりが従属しないようにしたいものだ。そのために、療育で働く者が、自らの文化、芸術、スポーツなどの世界を広げられる機会は十分に保障されるべきだろう。

子どもらしい生活を提供できる地域療育システム

　全国的にみれば多くの地域では、療育は１週間に１、２回で、その時間はわずか３時間前後だという。そういった物理的制約のなかで、「むき出しの課題」を子どもに提示せざるをえない園も多い。その日の締めくくりにかけられる「また明日ね」という言葉によって、明日への期待が生まれ、今日が明日につながっていく。そういった「毎日ある療育」と、子どもの生活のペースでゆったりと時間が流れる「たっぷりの時間をもった療育」が、どこにあっても保障されるようにしたいものだ。

　今後、全国のどの地域にも、通える範囲に一つ、法律によって制度的に保障された療育体制と専門性をもった児童発達支援センターの設置がなされていくことが必要である。地域の保育所や幼稚園などに通う子どもたちは、児童発達支援センターあるいは児童発達支援事業に併行通園し、あるいはこれらのスタッフが巡回相談して、地域療育のネットワークを形成し、実践をより良いものにしていくシステムが求められる。そのためには、現在の職員１人が４人の子どもを担当することになっている基準を根本的に改善し、かつ地域支援の体制を組める人員配置にしなければならない。

5　親とともに創る療育

療育の大切さは通うなかで認識されていく

　療育とは何かを改めて問いたいと思う。親は最初から療育とは何かを認識し、そこにわが子を通わせようとしたわけではない。障害の存在を

告げられ、それが間違いであってほしいと願いつつ、すがる思いで通園を始めている。

　園で、最初は泣いてばかりいたわが子、言葉が遅く生活力がともなっていないように見えたわが子に対して、職員は平等に愛情をもって接してくれた。みんなのなかに入れなかったわが子が、はじめて友だちといっしょにお遊戯の輪に入ったとき、子どもにも親にも安心と勇気が生まれた。はじめて牛乳を飲めたことを、涙を流しながら喜んでくれた職員、そして自分の子どものことのように祝福してくれた母親仲間がいた。こんなドラマの繰り返しのなかで、わが子が療育を大好きになってきたことに気づき、大切な居場所として通園の日々を重ねていく。

　つまり、はじめから親も子もそのことの大切さを理解できるわけではないが、障害が発見されて間もないときから「いっしょにがんばって育てていきましょう」という言葉とともに療育の大切さを伝え、責任をもって実践を提供してくれた療育者がいることを、忘れてはならないだろう。

療育からの公的責任の後退

　障害のある乳幼児に対する療育が自治体の手から離れて、親がさまざまな事業所と契約することで利用できるものになってきた。なかには、日替わりで通園の場所が変わるような地域もあると聞く。それは、乳幼児の生活と発達保障にとって、ふさわしい生活ではないと強く思う。児童福祉法改正によって「障害児相談支援」が導入されたが、その業務が単なる利用計画の作成に終わっているのでは、どこに通うことがわが子にとって良いことなのかを考えあぐねている親にとって、本当の相談の場にはならないだろう。

　要件を満たしていれば設置が簡単に認められることになっている児童発達支援事業だが、その一つひとつが療育の名に値する実践を提供できるものであってほしい。そのためには、地域のなかでの事業所間の連携

による実践交流や研修機会の提供が求められている。そして事業所任せにせずに、国や地方自治体が責任をもって職員配置や施設条件を改善し、十分な時間の療育が展開できるように法制度を改善していくべきである。

療育を守り発展させていくために

療育とは何かについて、子どもの権利条約の第23条に定められている以下の条文に、国際的合意というべき根拠がある。日本はこれを1994年に批准している。

子どもの権利条約第23条
1．（略）
2．締約国は、障害を有する児童が特別の養護についての権利を有することを認めるものとし、利用可能な手段の下で、申込みに応じた、かつ、当該児童の状況及び父母又は当該児童を養護している他の者の事情に適した援助を、これを受ける資格を有する児童及びこのような児童の養護について責任を有する者に与えることを奨励し、かつ、確保する。
3．障害を有する児童の特別な必要を認めて、2の規定に従って与えられる援助は、父母又は当該児童を養護している他の者の資力を考慮して可能な限り無償で与えられるものとし、かつ、障害を有する児童が可能な限り社会への統合及び個人の発達（文化的及び精神的な発達を含む。）を達成することに資する方法で当該児童が教育、訓練、保健サービス、リハビリテーション・サービス、雇用のための準備及びレクリエーションの機会を実質的に利用し及び享受することができるように行われるものとする。

（ユニセフ訳）

つまり障害のある子どもは、子どもとしての普遍的権利を保障されるために、障害への「特別な養護（ケア）」を必要としているということだ。その具体的な援助は、社会のなかに統合され、かつ発達への権利が

保障されることを目的として、教育、訓練、保健サービスに始まる諸内容を保障することであると規定している。そして、この援助は、原則として無償であるとされる。ここに、一般の保育や教育の方法だけではない、障害に対応する療育という役割の必要性が端的に述べられている。

2006年に施行された障害者自立支援法により、障害のある子どもの療育にも応益負担が求められたことに対して、多くの親や関係者が立ち上がり、権利としての無償の療育を求めて運動した。無償化への道は半ばだが、このような運動が広がった過程において、国は障害乳幼児の療育の大切さを認めざるを得ず、私たちの求めているような意味での療育が、障害者基本法第17条にはじめて定められることになった。

障害者基本法第17条
国及び地方公共団体は、障害者である子どもが可能な限りその身近な場所において療育その他これに関連する支援を受けられるよう必要な施策を講じなければならない。
2　国及び地方公共団体は、療育に関し、研究、開発及び普及の促進、専門的知識又は技能を有する職員の育成その他の環境の整備を促進しなければならない。

この条文で見落としてはならないことは、「しなければならない」という義務規定になっていることであり、かつ療育の専門性を重視し、その研究・開発、専門職員の育成を、国・地方公共団体に課しているということだ。

＊

療育は、子どものためだけにあるのではない。親もまた園のなかで仲間に出会い、その大切さを知り、療育を守るための運動に仲間とともに立ち上がる（参考文献⑤）。そこには、わが子も自分も権利の主体者であることを自覚していく道すじがある。そして、療育のなかで、他でもな

い「障害のある子どもの親」として、自らの人生をデザインされるようになっていく。その姿によって職員もまた、わが人生として療育での労働を続けていくことができるのだった。

註1 2012年児童福祉法改定により、従来の知的障害児通園施設、肢体不自由児通園施設、難聴幼児通園施設という障害種別の通園施設を一般化し、福祉型と医療型の児童発達支援センターとなった。児童指導員及び保育士は、従来の知的障害児通園施設と同様に、子ども4人に対して1人の配置である。

註2 2012年児童福祉法改定によって、従来の児童デイサービスから児童発達支援事業となった。児童デイサービスが障害者自立支援法（2006年施行）に組み込まれたときより株式会社やNPO法人の参入があり、近年、急速に事業所数が拡大している。そこでの療育内容が発達保障の役割を担えるものであるかが危惧される。

参考文献

① 大江健三郎（1995）恢復する家族. 講談社.
② 小川太郎（1965）教育科学研究入門. 明治図書.
③ コスチューク（村山士郎・鈴木佐喜子・藤本卓/訳）（1982）発達と教育. 明治図書.
④ 堺市社会福祉事業団職員集団・高橋真保子・白石正久編（2014）「この子の願いをわかりたい」からはじまる療育──堺市社会福祉事業団5園の実践. かもがわ出版.
⑤ 障害乳幼児の療育に応益負担を持ち込ませない会編（2013）8人のママからのメッセージ──子どもと私と療育と. 全障研出版部.
⑥ 田中昌人・田中杉恵（有田知行/写真）（1981-1988）子どもの発達と診断・全5巻. 大月書店.

発達と指導をつむぐ

第2章

療育における指導とは何か

第1章でも述べたが、乳幼児期の療育は、制度的改変期のなかにある。障害別に区分されていた知的障害児通園施設、肢体不自由児通園施設、難聴幼児通園施設は、児童発達支援を担う施設として統合され、その多くは児童発達支援センターと呼ばれることとなった。地域に密着し、簡易な機能として展開されていた児童デイサービスは、やはり児童発達支援を担う事業所として児童発達支援事業に移行している。

　児童デイサービスの場合には支援費の導入とともに、通園施設の場合には、障害者自立支援法の施行とともに利用契約制度に移行し、子どもと保護者は、直接に施設側と契約を結び、応益負担とされる利用料を払って、支援の給付を受けることになった。

　施設側は、それまでの1ヵ月単位の定額ではなく、日額を子どもが通園した日数で乗じた報酬（「出来高払い」）を受けることになった。その結果、子どもの欠席による減額が大きく、経営に窮し、職員の労働条件を低下させるような事態を招くこととなった。障害児家族や関係者、多くの国民の批判を招き、利用者にも施設にも一定の改善措置が講じられ、障害者自立支援法の廃止、児童福祉法への回帰によって、療育は再び児童福祉施策のなかで扱われることになった。しかし、契約と応益負担によって給付されるというシステムは、そのまま維持されている。

　この利用契約制度によって、応益負担である利用料を払って療育を買い取るという商取引に類似した関係が成立したこと、施設側も子どもの通園回数や子どもの数を経営のための指標と見ざるをえなくなっていることなど、経済法則のなかに療育が組み込まれ、そのことが保護者や施設職員の意識を縛り始めていることは、想像に難くない。

　また、児童発達支援事業に関しては都市部を中心に急増し、保護者が自らの選択によって直接に契約を結ぶゆえに、日替わりで子どもの通う場所が異なるという事態を現出させている。

　この制度の改変方向は、必然的に実践のあり方に影響を与えていくであろう。このような改変期だからこそ、本章では、乳幼児期の療育の内

容・方法に関わる具体的な吟味を行うのではなく、「何のために」という目的性、「どのような考え方で」という方法論に立ち入ってみたい。

結論を先取りするが、私はこれまでに蓄積されてきた療育実践から学び、使用頻度が減退しつつある「指導」という概念の新たなる構築を試みることが、療育の大切な役割を認識しつつ今後を展望する契機になると考えている。

1　1969年、近江学園生活第1班の実践

「ていねいな指導」をめぐる意見の対立

田中昌人によって総括が試みられた1969年における滋賀県立近江学園生活第1班の実践は、そこが入所施設であり学齢期の取り組みである点で乳幼児期を離れるが、指導とは何かを考える導入のための示唆に富んでいる（参考文献⑥ 119～200ページ）。近江学園は、1946年に開設され、児童福祉法の施行にともなって1948年から滋賀県立の施設となった知的障害児入所施設である。糸賀一雄が園長となり、田村一二、池田太郎が、草創期の実践を担った。田中昌人は、京都大学教育学部の助手から、1956年に近江学園の研究室主任として着任し、1970年に京都大学教育学部助教授に就任するまで在職した。

1969年において、小学校低学年の生活グループである生活第1班は、24名の子どもたちがおり、1歳半から2歳の発達段階の子どもが過半数を占めるが、4歳から7歳の発達段階の子どもも10名いるという多様な集団であった。それを10名の指導者が担当していた。入所施設のため、職員の勤務は交替制であり、常時10名が対応していたわけではない。24名の子どもを6名ずつの小集団に編成して、それぞれに居室が与えられ、そこで寝食をともにしていた。

この年、新しい入所施設（成人施設のもみじ寮）開設によって子ど

の人数が減ったなかで、その条件をどう生かすかをめぐって、意見の相違が生まれた。小集団になったことを生かして、身辺自立などの指導をより丁寧に行おうとする指導者が5名いた。しかし、「残り5名の指導者」は、実践の過程で「きめのこまかい、ゆきとどいた指導」に疑問を感じるようになっていった。

　その疑問は、次のような内容であった。第1に、少人数化するなかで、ともすると指示的指導が肥大することになっていないか。その指導者の姿勢を、障害の軽い子どもが重い子どもに対してまねようとする。そういった子どもたちのなかに生じた上下関係の上に、指導者が君臨するという上意下達の「一方向的関係」が形成されていく。

　第2に、生活の場に、「時間のハードル」が詰め込まれ、仲間関係が切られていくことになっていないか。起床したら、「トイレ」「着替え」「布団たたみ」「洗面」「食事」などと、時間のハードルが折りたたまれた屏風のように指導者によって開示されていく。指導の丁寧さや密度は、ハードルの多さにすり替わり、個々の子どもの出来栄えを評価して、はみ出しや遅れを許さない指導になっていく。同一時間内でみんな同じことをしなければならないという暗黙の原則が、指導者による出来栄えの評価を介して子どもを分断し、指導の観点の違いが、指導者間にあら探しと悪しき不干渉の姿勢を招くこともある。

　第3に、一方向的な人間関係や時間のハードルの詰め込みによって、クラスが「あなたはあっちのクラスでしょう」「あなたのクラスの子が来たよ」などと言い合うような、排他的な集団になっていないか。子どもは指導者の心理を察して、他のクラスの子どもを排除しようとするような姿勢になっていく。そのような関係のなかで、息苦しさを感じ始めると、自分のクラスの子どもだけを連れて、園外活動に出かけてしまったりする。これらは、指導者が子どもとともに「タコつぼ化」していく危惧でもあった。

　意見の相違は深刻なものだった。その議論の内容は、田中昌人監修の

『近江学園の実践記録・要求で育ちあう子ら——発達保障の芽生え』（参考文献⑦）で、次のように紹介されている。

保母１「小集団になると関係が固定化すると言われるが、クラス以外の子どもたちとの交流は自由時間をもつことで関係をつけていくことができる。」
保母２「それで部分的に、断片的に設定された場面で関係をつけていくことはできるが、多くの子どもたちは今でもよくみられるが、クラスの壁があると、指導者のねらいもあって、指導者の顔色などをみてしまい、その壁を子どもたちだけの力では破ることができにくい。」
保母１「躾というのは、大人が勝手に決めた一方的なおしつけにほかならないという意見が言われ、子どものすべての要求を受け入れ、なすがままでよいということが出されたが、そんなことでよいわけはない。子どもたちが正しい行為を身につけていくためにはそのための配慮がいるし、間違ったときはわからせることが大切だ。」
保母３「食事の正しい仕方や自分で排泄をして自立していくための指導などは、もちろんおろそかにしてはならない。要はそれらを本人がどういう方法で自分なりに納得し、自信をもって獲得していくかであり、正しいやり方を手を取り、足を取りして、きめこまかく教えて相手のいうようにそのときだけ受身にできて、その大人がいないときにできないというようになっていくのではなく集団の中で切磋琢磨していく中で、あるいは、生活のさまざまな経験をとおして、試行錯誤や経験の中からいわば教訓を得ながら自らの力を基本にして身につけていってほしいと願う。」

(参考文献⑦ 138〜141ページ)

意見の相違を明確にした上での一致点に基づく療育

このような相違を放置すると、多くの職場では実践に直接関与しない管理者が口を挟み、采配したりする事態が生じる。そうならないために

という自覚をもって、当時の近江学園では、「発達保障をめざすうえで必要な意見の違いを明確にし、一致点にもとづく実践を、時期を区切ってやりきる」という原則を共有していく努力がなされた。この原則を力として、生活第1班の実践は、夏休みをはさみ貴重な仮説を共有していくことになる。

　田中によるならば、その指導原則は、夏休み前の指導体制を改め、①集団を大きく、②部屋をたくさん、③時間を大きく、④所有関係の質をゆたかに、というものであった。

　「集団を大きく」とは、小集団として固定するのではなく、さりとて、みんな「いっしょ」という大集団で生活するということではない。24名の子どもと10名の指導者が一つの基礎集団となって、その拠点があるゆえに、「○○ではない□□だ」という1歳半の質的転換期に獲得されていく「1次元可逆操作」（田中らの「可逆操作の高次化における階層－段階理論」の発達段階。第5章に詳しい）を発揮して、別の大切さをもった集団への切り替えが意味をもつようにすることであった。

　「部屋をたくさん」とは、1クラス1部屋という単位をつくるのではなく、さりとて、全部の部屋を無意図的に使って生活することでもない。寝起きを中心とした部屋と食事を中心とした部屋をわけ、その空間を時間とともに「○○ではない□□だ」というように切り替えていくことが意味をもつようにすることであった。

　「時間を大きく」とは、スケジュールを詰め込むのではなく、さりとて、自由にしてしまうことでもない。たとえば「全体学習に元気にいこう」というように、大きな目標へ向けて思いを一つにし、生活時間から学習時間への切り替えを大切にしようとしたのである。さらに後に述べるように、生活時間のなかでもさまざまな「○○ではない□□だ」という自由度のある活動の切り替えが行われるようになっていった。

　「所有関係の質をゆたかに」とは、モノを私有制にするのではなく、さりとて、すべて共有にすることでもない。話し言葉獲得期の「心の杖」

（子どもの心理的支えとなるモノや活動など）に代表される個人の持ち物を尊重しつつ、布団などの半共有のもの、おもちゃなどの共有のものなどを区別し、所有関係の違いが引き起こす「○○ではない□□だ」という葛藤や共同を大切にすることであった。

　以上の四つの原則の説明は、田中の記述にできるだけ忠実に行ったものである。ここでは、「さりとて」という言葉が4回使われている。それは、二極分化して対立したように聞こえる意見に対して、自分の意見に固着して正誤の決着をつけようとするような性急な議論ではなく、その相違を尊重しつつ、共有できることを見出していこうとする姿勢を表現したものであろう。そのように議論の過程を大切にすることは、その過程と並行して進む実践の過程において、子どもとの関わりの事実から検証していこうとすることでもあった。

ぶつかり合い、共同しながら、活動を創造する子どもたち
　事実、生活第1班の子どもたちは、明らかな変化をみせるようになった。
　「全体学習に元気にいこう」と言う指導者に呼応しつつ、「イッショニ、ゴハンタベヨナ」「ハヨセント、ナクナルデ」などと呼び合いながら、食事を自分たちに必要な「時間の柱」として打ち立てるようになった。「柱」とは、根幹となることという意味であり、同時に子どもの心理を支え目標へ導くものということであろう。食事を無理やり食べさせて、学習に移る前に気持ちをこじらせてしまうことはよそう、食べようとしない子どもがいるならば、その補いは一日のなかでしようという暗黙の了解は杞憂となり、呼びかけ、ぶつかり合いながら、食卓に向う姿が見えるようになった。
　そして、寝る部屋から食事をする部屋への時間と空間の移動において、布団をたたもうとする子どもたち、カード遊びを始める子どもたち、先生の掃除を手伝おうとする子どもたちなど、小さな集団の渦がいくつも

生まれていった。それが、翌日になれば布団たたみをやめてカードの集団に加わったり、そこから突き返されてきたり、昨日は掃除を手伝ってくれた子が、指導者を裏切るようにカード遊びに加わっていたり、Aという渦とBという渦がぶつかりつつ、AでもBでもない、Cという渦になっていったりした。予期せぬ姿があることによって、指導者はまだ見ぬ子どもの可能性への期待を高めることができた。

　さらに、朝食までの時間に自分たちの「時間の柱」を打ち立てることができたことが活動に変化を生み、学習グループで習った「ブランコけむし」の歌がヒントになって、夕食後の時間に鴨居にぶら下がって飛び降りる「ブランコけむし」遊びが生まれた。

　机に目をつけた子どもたちは、協力してそれを運び、踏み台にして鴨居にぶら下がった。「アンタバッカリ、ズルイ」「○○チャンモ、シテミルカ」とぶつかり合い、手をつなぎ合いながら、机を仲間に外してもらったり、怖くて飛べない子は机を戻してもらったりした。シーツを使えば、"オバQ"になって飛べることも発見した。子どもたちは、手に精一杯の力を込め、道具を運び、素材も加えて、遊びを創っていった。

発達のための基礎成分

　このような経過を総括しつつ、田中は、時間、空間、活動、集団という土台の上に、この発達段階に必要な基礎成分として「手の働き」「道具」「変化する素材」「集団」という四つの要素をもった「生活を教育的に組織する」ことの大切さを提案した。

　「手」は、子どもが外界にはたらきかけ、そこにある事物・事象をとりいれ、新しい自分を創っていくための大切な機能を担っている。それは外界を取り入れるための道具であるとともに、外界へのエネルギーの高まりが表現される部位である。

　その「手」が「道具」をもつことによって、もっとたくさんのこと、新しいことを、意図に沿ってやり上げることができる。そこには、「手」

だけでは味わうことのできない達成感が生まれる。そして、道具は友だちとつながり、いっしょに何ごとかをやり遂げるための仲立ちになる。

「手」と「道具」に加えて「変化する素材」があれば、その変化に目をみはり、それがまた新しい変化を創り出そうとするような活動の契機になる。そのことによって、「手」と「道具」が変化を引き起こすための大切な役割を担うものとして、いっそう意識されるようになる。変化や発展を共有し、共同できる仲間関係の深まりにも寄与することになる。

つまり、「手」「道具」「変化する素材」があるだけでは個人のなかでの工夫や発見にとどまってしまう。あるいは、人間関係があったとしても、一方が他方に指示したり、支配するような一方向的な関係であっては、共感も、共同も生まれはしない。仲間といえる関係があることによって、憧れ、興味、いらだち、葛藤などのさまざまな感情が素直に放出され、ぶつかり合い、学び合いながら、自己を変革し、友と育ち合う喜びを共有できるようになっていく。

「集団」と呼ぶべき仲間関係があることによって、「手」「道具」「変化する素材」という要素が輝き出し、それを潤滑油にして仲間関係が歯車のように動き出していく。子どもとさまざまな要素の関係を分解して理解し、はたらきかけるのではなく、諸要素のつながりを子どもたちがどのように創造していくかという期待をもって、受け止めようとする姿勢が大切だと言えよう。そのなかでの予期せぬつながりの発見が、指導者に次の取り組みへのヒントを与えてくれる。

きっかけは「湖畔学舎」での子どもの主体性の発見

以上のような変化がみられた契機は何だったのかを、『近江学園の実践記録・要求で育ちあう子ら――発達保障の芽生え』が、具体性をもって補強してくれる。

この実践記録によるならば、夏休み後の四つの指導原則の仮説のきっかけになったのは、琵琶湖の「湖畔学舎」での子どもたちの変化であっ

た。3泊4日の生活では、学園内での部屋単位の担任制ではなく、全員が一つの集団として生活した。子どもたちは、学園内の生活とは意をもって決別するように、先生や友だちとの関係を自由につくり、日課の節々で、たわいない遊びに興じた。

「かつひこくん」という6月入園の子どもは、それまで部屋の隅でうずくまっているばかりだったが、「こういちくん」と「アホ」を連呼しながら追いかけっこするようになったことをきっかけに、着替えも洗面も食事もみんなと行動をともにするようになっていった。そして、幼い「きよみちゃん」の手を引いて洗面に誘う姿を見せてくれた。「かつひこくん」の変化に代表されるように、学園の中にはなかった集団生活が、子どものなかにある主体性、能動性を覚醒させ、人間関係も自由に切り結んでいくようすを、指導者集団は驚きをもって受け止めた。

本来、子どもという存在は、たわいないことが大好きである。関西弁では、それを「しょーもないことばっかりして…」と言って、子どもを笑う。それは嘲笑ではなく、子どもの可愛らしさに感じ、愛情をもって受け止めようとする意味が込められる。子どもは、この「しょーもない」ことによって、主体的に他者とかかわろうとし、心の一体感を創り出そうと欲している。そういった素直な心理を、子どもも大人も大切にできるような余裕が、今日の指導の場では、なかなか生まれない。

大人の教育的意図のありようを凝視する子どもたち

生活第1班の実践は、明瞭な発達的価値と教育的価値の認識に裏打ちされた教育的意図によりながら進められていったものである。それは、次のような記述からも、うかがうことができる。

私たちはいつも子どもたちに自分の思っていることを、こうしてほしい、こうしたくないなど、自分の気持ちを幼くともまず自由に表現できる子どもになってほしいと願ってきた。そのときひとりで言えなかった

り、できなかったりしたときにも、友だちといっしょに言えたり、できたりしてほしいと思った。そのなかで自分なりに考えたり、他の人の願いを知ったり、わかったりしていくことができてほしいと思った。

(参考文献⑦ 166 ページ)

　この教育的意図のもとで大切にされたことは、時間、空間、活動、集団において、子どもたちが自らの要求によって、主体的な組織者になろうとすることであった。①集団を大きく、②部屋をたくさん、③時間を大きく、④所有関係の質をゆたかに、という四原則は、この教育的意図のもとで、必然的に導き出せされたともいえる。換言すれば、子どもたちは、時間、空間、活動、集団のなかにある大人の教育的意図のありように対して、それぞれの発達段階に応じた感受性をもち、その意図が配慮なしに直接的に向けられると、容易に拒絶あるいは従属の仕方を学習するようになる。逆に、自らの要求が発揮でき、受け止められていることを感じ取った時に、不器用ではあるが「あれ、これ」、「あっち、こっち」、「あの人と、この人と」と、時間、空間、活動、人間関係を要求するようになる。そして、その実現のために、仲間とぶつかり合い、力を合わせながら、主体的に集団を形成していく。

　ＡとＢがぶつかりあいつつＡでもないＢでもないＣという渦をつくって、おたがいがもっている力を集団の力がふとるなかでふとらせていっているのです。(中略)このなかで指導者も子どもたちの動作の終結点のできばえを何段階かに評定するだけでなく、終結点がつぎの動作の始発点として、とくになかまとのかかわりのなかでどうふとり、発展していくか、を見るように子どもたちの行動から学ぶときの焦点を移し、視野をひろげて評価することが必要になってきました。

(参考文献⑦ 169 ページ)。

そのように生活第1班の子どもたちは、1歳半の発達の質的転換期において獲得されていく「○○ではない□□だ」という活動の基本様式を、集団のなかで幾重にも展開し、豊かにしていったのである。

　もちろん子どもの要求は、指導者の思いや課題意識と食い違うことも多いが、互いが、話し合い、提案し合い、受け止め合うことを、粘り強く続けていった。

　子どもの要求をどう受け止めるかは、指導者間でも意見を異にすることであるが、子どもの思いを尊重し粘り強く向き合おうとするならば、おのずと「時間をかけて実践し、その総括にもとづきながら話し合う」という姿勢が大人のなかにも育っていく。

2　生活の教育的組織化の実践における分岐点

生活の教育的組織化とは何か

　このような施設実践での試みを一つの発端に、保育実践などにおいても、発達にとっての生活の意義を踏まえた、新たな取り組みが始まっていった。それらは当時、「生活の教育的組織化の原則」として提起された。

　発達にとっての生活の意義とは、いかなることか。以下のように、例示してみよう。

　生後10か月頃の発達段階において、目的が意識され、その達成のための手段が分化するようになると、子どもは目的の実現のために手段を選択し、見通しをもった生活を送り始める。たとえば外に出て遊ぶために靴を履く、絵本を読んでもらうために先生のところに持っていく、給食のために椅子を運んでランチルームに移動するというように。そこには、順序の思考とも言うべき見通しの表象が獲得され始め、時間と空間の展開が、この発達的力量を呼び起こし、発揮させる基盤となる。

この主体的な活動において子どもは、靴を履くなかで手指に力を込め両手を協応させることを、本や椅子を運ぶことによってバランスをとりながら歩くことを、そして食べることを通じて道具の操作を、連関的に学習していく。

　遊びは、子どもの生活の目的そのものになり、それゆえに喜怒哀楽の感情を豊かにする。そして、その感情を友だちと共有することによって、心理的一体感を味わえるようになる。また、生活のなかでのさまざまな経験は、「みたて・つもり」「ごっこ」などの生活再現遊びに結実し、表象の発達に貢献する。

　このように生活のなかでの活動は、それ自体が現下の発達的力量の総合的な発揮であるとともに、その活動を通じて、新しい発達的力量を獲得するための基盤となり、その力量を拡大再生産していく。

　このような時間、空間、活動に、集団という要素が加わることによって、子どもは仲間の活動に憧れ、それを学習のエネルギーにしていく。また、仲間とは自分のさし出したモノを受け止めてくれる存在であり、活動の結果を共感してくれる存在であることを知ったとき、他者とつながり合う喜びや、集団のなかでの受容感を感じるようになる。生活の主体になることによって、仲間との要求のずれや葛藤を必然的に経験するが、そのなかから、自分と他者の要求のいずれをも認識し、その二つを調整しようとする力を獲得していく。

　このような生活のなかにある教育的価値に注目し、それを発達の源泉として組織しようとする実践は、多様に試みられてきた。そのなかには、時間、空間、活動のそれぞれの順序を整え、日々の繰り返しのなかで見通しをもった生活が送れるようにしようとする実践もある。たしかに、子どもの日課として、今日と明日の時間、空間、活動に大きな違いがなく、連続的であることは大切なことである。また、発達課題や障害に視点をあてて、課題を共有できる子どもたちによって集団を編成し、その課題に応じて丁寧な指導体制をつくろうとする実践もある。たしかに、

課題の異なる子どもたちの集団では、同じ教材や指導方法での教育は容易ではない。

意味・価値を共有し、主体的に学習することの大切さ

　しかし、近江学園生活第1班の実践から学んだように、このように子どもの実態に配慮した「丁寧さ」が、結果として子どもを大人の意図に従属させることになることもあるのではないか。私は、生活を教育的に組織していくときに、形式ばかりではなく、内容も求められるのであり、ともすると形式のみが追い求められる傾向があることを指摘してきた（参考文献② 22〜24 ページ）。ここでいう形式とは、時間、空間、活動、集団を大人の教育的意図で合理的に組織し、それを子どもが逐次的に経験・学習していくことである。時間と空間の流れに沿って、大人の意図したように活動が流れていくことが期待されている。

　では内容とは何か。何ごとにおいても、形式の裏にある内容までは透視されないことが多い。時間的な見通しをもって生活することは大切なことだが、見通しという認識にともなう、子どもの期待や不安という感情が看過されることもある。たとえば、自閉症は「障害特性」として見通しの表象に困難があるとされ、「視覚的手がかり」としての「写真」「絵カード」などでスケジュールを伝える方法が試みられているが、スケジュールを認知することが、子ども本人によって待ち望まれ、うれしいことになっているだろうか。強い偏食や寝にくさなどが、乳幼児期の子どもにはよくみられるが、それを克服していくための手段を講じる場として、給食や昼寝が取り組まれることはないだろうか。おなかが減っているのだから、美味しく楽しく食べてほしい、精神的に満ち足りた結果として疲れたからだを横たえてほしいという願いをもって子どもと向き合うことは、障害児の場合にはあまり意味のないことなのだろうか。着脱、洗面などの身辺動作は、上手にできなければならないという意図をもって子どもと向き合うのと、最初は下手であっても自分でできること

はうれしいことだろうという思いで向き合うのでは、同じ出来栄えであっても、子どもと大人の喜びには大きな違いがあるのではないか。

　つまり、身につけることが期待される技能、認識などの大切さ、価値が、子どもの内面をくぐって自分のものになり、そうすることで自らの要求によって学習されていくことが大切なのである。この過程を、形式に対して内容と呼ぶことができる。その技能、認識などは、けっして特殊なものではなく、だれにとっても要求となり、価値あることとして認識されていくことによって、いっそう子どもの要求を引きつけてくれる。

　指導とは、このような価値と要求を、子どもと指導者が共同で創造していく取り組みといえよう。そのようなだれにとっても良いことだ、うれしいことだという普遍性が子どもによって感じ取られることによって、自分と仲間が要求を基礎につながる関係がつくられていく。逆に、子どもの障害特性や課題別の特殊性を認識するところから指導が行われるとき、子どもは指導者の教育的意図とのみ向き合い、人間関係も閉塞していく。

　たとえば、障害ゆえに見通しの表象が困難なので、「写真」「絵カード」を用いてスケジュールを提示するのだという意図によって向き合うのと、クラスのみんなにとって大切なことだから、みんなにわかりやすい方法で伝えようとするのとでは、その子どもにとっても、クラスのすべての子どもにとっても、意味が異なるものになろう。

　給食の席に着く前に、自分で椅子を運び、当番としての配膳活動に参加することも意味のあることだが、大人に文字通りのお膳立てをしてもらって、みんなで一斉に食卓につき、指導者も含めて家族のように、もろともに楽しい雰囲気で食べ始めることもあってよいのではないか。なぜなら、食べることの基本である「美味しい」「楽しい」の感情を共有しながら経験してこそ、食べることへの要求も高まっていくだろうから。

　つまり、生活の教育的組織化という原則を生かすには、そこに子どもにとっての意味や価値が集団的に共有され、子どもたちの主体的な要求

第2章　療育における指導とは何か

が醸成されていくという「内容」をつくる過程が必要なのではないか。その内容は、子どもにとっての必然性とも言い換えられる。

3　親と共同でみつめ合う子どもの発達可能性

　乳幼児期の子どもに対する療育指導は、生活を基盤にして、子どもにとっての意味や価値を創造し、共有していく過程であることを述べた。同様に、家族への援助や指導、とりわけ母親、父親へのそれは、どのような課題意識をもってなされるべきだろうか。
　黒崎愛子の1歳6か月児健診後の親子教室での実践は、それを考える糸ぐちを与えてくれる。

　けんちゃんは、靴のまま部屋に上がるので、入リロでお母さんが靴を脱がせます。2ヵ月目に入ったその日も、お母さんはけんちゃんの靴に手をかけたのですが、前回の教室でスタッフは、入リロで立ち止まったけんちゃんの姿をとらえていたので、「お母さん靴を脱がすのちょっと待って。この場面でけんちゃんのできることは何かな」と聞いてみました。すると少し考えてお母さんは「この靴のマジックテープやったらはずせるかも」とつぶやきました。そしてけんちゃんに「ここビリッてしてみ」と靴を指さしながら声をかけました。そのお母さんの声かけにこたえたけんちゃん。その姿を見て「あれ、この子マジックテープはがせたね。ほんと先生ほんとや。ワァー、うれしい」と、大喜びされたお母さんでした。もちろん喜んでもらえたけんちゃん自身もうれしくて手をたたいて、"上手上手"を表現していました。次の週から、子どもの力を信じて見守るお母さんと、うれしそうに靴を脱ぎ、片方ずつ持って靴箱に片づけるけんちゃんの姿がみられました。　（参考文献①34〜35ページ）

ここには、乳幼児期だからこそ必要とされる親への援助、指導のあり方が示唆されている。障害受容期の親は、多くの場合、「いつになったら喋れるようになるのか」「なぜ公園で子どもたちのいるところから遠ざかろうとするのか」など、わが子の発達の遅れや行動の理解しにくさに支配されている。その意識のうちにあるあいだは、わが子の発達の可能性を見出すことはむずかしい。療育者にとっても、子どもへの指導の手がかりを得ることは、たやすいことではない。教室の入り口で立ち止まった「けんちゃん」の姿に、「どうしたらよいか、わからない」という心を見出し、「自分でできる」ことの手がかりを親とともに考えてみる。そこでの判断が功を奏したときに、親には子どもの可能性への信頼が生まれ、子どもにはその信頼に支えられた自己信頼が形成されていく。そして、子どもの可能性を自分の手で一つ開花させてやることのできた手ごたえを、親は手にするだろう。その親と子を見守りながら、それを次の実践の契機として大切に受け止める指導者の姿がある。

　一般に療育ではたらく職員には、園で大切にしている課題意識や方法を親にも引き受けてもらって、家庭でもそのやり方でがんばってもらおうという思いもあろう。逆に、親が学習し家庭で取り組んでいることを、療育の場でも同じように行ってほしいとの要望が、親から職員に寄せられることも多いと聞く。いずれであっても、そこにあるのは一方の場での方法を、他方の場に徹底しようとする要求である。この子どもへのはたらきかけの一貫性を大切にして、生活のなかで繰り返し学習させようとする願いは、疑う余地なく、正しい発想だと思われている。

　しかし、子どもは、その発達がまだ幼かろうと、園と家庭という空間を区別し、さらに指導員と親・家族を区別している。その区別の認識があるゆえに、それぞれの場所やそこに属する人間に対して、区別的な認識をもち、異なった感情や期待を抱くことになる。園でがんばっているならば、当然のこととして家ではのんびりとしたいだろうし、たわいない遊びで親やきょうだいと興じてみたいと思っているかもしれない。一

方の課題や方法を他方にもち込むことは、多くの場合、子どもにとって、同じ課題意識をもって向き合われることの苦しさを引き起こす。

　そして、そればかりではなく、職員が親に、親が職員にというように、一方に対する他方の従属を求めることであり、それぞれが主体的、能動的に自らの実践を総括しつつ、考える主体として実践を発展させていく可能性を抑えてしまう。また、その要求を受け止めてくれない相手に対して、いらだったり見限ったりして、自ら人間関係を拗らせ、分断してしまうこともあろう。

　換言するならば、職員と親の関係は、互いの子どもに対する思いをわかり合い、悩みや試行錯誤を受け止め合い、そうすることで力を合わせて子どもの発達の事実を導き出し、相互信頼と自己信頼を深めていくものであってほしいと思う。それは、一方が他方に提供する、要求するというような一方向の関係ではなく、力を合わせてともにつくり出し、相互に価値を認め合うという共同の関係である。その関係のなかでこそ、忌憚なく要求を述べ合い、相互理解を深めることもできる。

4　学習、形成、発達の区別と連関

　生活の教育的組織化という方法を手がかりに、形式において同じ方法を展開しているようでも、その内容の発展方向には分岐があることを指摘してきた。その背景には、指導者の子ども観、発達観、つまり発達と教育において、何が価値のあることなのかを判断する価値意識に相違のあることが推察される。この相違は、指導をめぐるいくつかの概念の理解にも現れよう。

　そもそも発達とは何か。発達と、学習・形成は、どういう関係にあるのか。学習されていく技能や認識は、発達とどういう関係にあるのか。これまで、一般的に整理され、理解されてきたと思われる定義に拠りな

がら述べてみたい。

　学習とは、経験を媒介にして、技能、認識、行動パターンを自らに内化していくことであり、それらの変化の事実をいう。技能、認識、行動パターンを総じて、能力ということもある。

　学習と切り離せない概念に形成がある。人間が外界にはたらきかけて、総体としての人格を自己形成していくことを形成と呼ぶ。形成は、多くの場合、人間関係のなかで行われるのであり、その人間関係にはたらきかけ、はたらきかけられることによって、そこでの経験を人格の重要な要素として取り込んでいくことでもある。

　このような学習や形成に対して、発達は、子どもが外界にはたらきかける活動によって、外界を変革、創造し、そのなかで自己自身も変革・創造していく過程のことである。そこでは、その外界にはたらきかける活動の基本様式や機能に、質的な変化が生じていく。発達は、高次化だけではなく、退行も停滞も意味ある過程として内包する。発達は、目に見える変化の事実ではなく、子どもの獲得しつつある技能、認識、行動パターンを規定する質と、変化のための原動力の生成に関する法則性をもっている。

　子どもが外界と向き合い、そこにはたらきかけることを対象的活動、または広い意味での実践と呼ぶ。このような意味で言う「活動」と、類似概念の「行動」の違いは、行動が目に見える、いわば観察可能な行為の総体をいうのに対して、活動は、動機や意志を含む目的意識という目に見えない心理過程を内包した行為のことをいう。

　学習と形成は現実に進行する目に見える過程であるが、発達はそこで獲得されていく技能、認識、行動パターンと、そこに形成されていく人格の総体を貫く、いわば法則性として抽象化された過程のことである。

　以上のような理解は、筆者自身の立脚するところであるが、異なった見解も多い。そもそも目に見える行動変容のみが、人間の心理的事実であるとする行動主義的な理解、発達は客観化された指標として算出され

る発達年齢、発達指数によってのみ表現されるとする理解もある。しかし、発達をこのような現象的変化に限るならば、たちまち発達と学習の区別と連関を考えることは意味をなさなくなる。なぜなら、学習の結果としての技能の習得や行動の変化が発達ということになり、学習と発達の関係は、無媒介な関係のなかでのみ理解されることになるからだ。

　やや遠回りであるが、学習・形成と発達の区別と連関の過程を例示してみたい。

　学習・形成は、対象的活動のなかで、子どものなかに生じる二つの過程であるが、切り離すことはできず、連関して進むものである。

　たとえば、スプーンを使って食べることは、それを握り、食べたいものをすくって口へ運ぶ活動だが、子どもは最初、すくうことすらままならない。しかし、自分で食べたい一心で努力し、手首を内に回し、それでもだめなら外に回し、なんとか口へ運ぼうとする。大人はその活動や努力を価値づけ励ましながら、スプーンの先が親指・人差し指側になるように握り方を教えてみたりする。そうすることで、無理な回内、回外を行わずに口に運べることを知った子どもは、道具の使用の喜びをわがものとし始める。子どもは、回内がだめなら回外という切り替えの操作（「〇〇ではない□□だ」）と、最後まで活動を遂行しようとする自己調整の意志を高め、その活動の大切さ、つまり価値を認識していく。そのことによって、子どもはいろいろな活動でも、「もっとがんばってみよう」とするような「心のバネ」をつくる。それは、単なる技能の学習の過程ではなく、要求の基礎としての自我、自己復元力や価値の感覚や認識を獲得していく過程と並行している。

　さらに、この過程は、子どもと大人の関係によってのみ成立するのではなく、子ども同士で相互に影響し合っている。まず、他児の活動への憧れともいうべき心のはたらきが、学習と形成を鼓舞する。そして、自らが獲得しつつあるものが、自分だけではない、他者も獲得しつつあること、その過程において、苦労したり喜んだりして、さまざまな感情的

副産物を生じさせていることも学習しながら、自分ばかりではない、他者にとっても価値のある技能と認識であることを認識していく。このような関わり合いのなかで、子どもはその活動の価値が自らの内だけに存在するのではないという普遍性への感覚と、その喜びを共有できる共感的人間関係を獲得していく。

　このような技能の学習に対しては、その活動を成り立たせている要素に分解して、その要素の一つひとつをスモールステップ化して学習を積み重ねていく方法もある。しかし子どもは、そうしてできるようになっていくことに対しての意味と価値の認識が得られにくいときには、無力感や自己否定感をもってしまうこともある。

　技能、認識は、それを成り立たせている諸要素の集合であるだけではなく、そのなかにある「コツ」をつかむことによって、たくさんのことが連結して習得されていく「典型」を内包している。「コツ」とは何だろうか。スプーンの使用から例示すれば、手首の回転方向とスプーンをつかむ向きの自己調整ができるようになることである。そこには、「○○ではない□□だ」というような活動の基本様式、操作特性が獲得されつつある。これが田中のいう「１次元可逆操作」である。（参考文献⑤）。ハサミでの紙の曲線切りでは、ハサミを持つ手にばかり注意を集中していることに気づき、紙を持つ手で紙の向きを調整するような注意を配れるようになれば、一気に上手になっていく。これが「２次元可逆操作」である。

　「コツ」には、技能、認識の学習に関わる側面と、「ここでひと踏ん張りすれば、なんとかできるようになるかもしれない」という自己の情意に関わる形成の側面がある。このような「コツ」は、乳幼児期に限ってみるならば、多分にその発達段階の活動に一貫している基本様式を内包したものであり、その学習や形成によって発達が鼓舞され、発達によって、また多くの学習と形成の基盤が整っていくという因果関係がつくられていく。

5　指導と支援の価値共有関係の相違

指導は、「はたらきかけるものがはたらきかけられる」関係での価値創造

　指導は、このような学習、形成が発達の過程につながっていく道すじへの見通しをもって、文字通り「導く」ことである。そして、要求の実現のための努力に子どもを踏み出させるためには、子どもの要求を子ども自身による発達の見通しに結びつけることが必要になる。そうなったときは、要求は発達要求として機能するようになる。

　見通しには、二つの内容が求められる。

　一つは、その要求を実現していくこと、つまり目的を達成することの価値を認識することである。ここでいう価値とは、自分にとって、あるいは「自－他」の関係にとっての「良いことである」「役に立つことである」という有用性の認識であり、その認識のたしかさによって、目的に向かう動機が形成されていく。

　もう一つは、目的を達成するための過程、方法についての認識である。この認識には、目的を達成するための道すじの分析と、自分自身の現下の技能、認識に対する分析が含まれ、その結果として、二つの分析の相互の矛盾への認識も引き起こされる。この矛盾を克服していくための手がかりとなる「コツ」を提供することはきわめて重要である。この「コツ」をつかんだことによって、子どもは「がんばればきっとうまくいく」という自己信頼の感覚・感情と、「心のバネ」を形成していくことができる。

　指導と類似の概念に「支援」があるが、一般的な国語辞典が、指導とは「目的に向かって教え導くこと」、支援とは「支え助けること」としているように、目的意識性や方向性の有無によって、使い分けられる言葉であろう。

指導は、その主体が客体に行くべき方向を「指し」「導く」と理解されるときに、客体の主体性が顧慮されないという印象をもちやすく、あるいは、社会的ルールや「道徳」を学習していくための規範の提示を意味する場合もあるゆえに、あえて指導を避けて支援を用いようとする心情や考え方も存在する。

　しかし本稿で検討してきたように、子どもの発達、親の発達、指導者自身の発達を保障しようとする目的意識があれば、教育における指導では、一方が主体で他方が客体というような区別が成り立つものではない。むしろ、そういった関係を否定して、子どもと指導者、子ども集団と指導者集団、親と子と指導者が、「はたらきかけるものが、はたらきかけられる」と形容すべき関係において、互いに育ち合い、新たなる価値を創造していく営みだろう。

　私は指導という言葉に、互いにそのことの大切さを認め合える「役に立つ性質」、つまり有用性の認識が共有されていることを見出したい。社会科学の用語によるならば、使用価値である。

「支援」に潜在する一方向性

　支援は、「自立支援」「発達支援」「生活支援」「就労支援」そして「特別支援教育」などの法・施策の用語でもあり、支援されるものの自己決定が尊重されるという意味を外皮としながら、上記のような意味での「ともにつくり出す」共同性は含まれない。むしろ、一方が他方に供するという一元的な意味で用いられ、教育においては、「道徳」的規範を最たるものとして、一方的に子どもに学習させるという内実になってしまう側面もある。あるいは、支援の名によって、子どもを誘導するような方法も多い。

　支援は、わが国の法・施策においては、支援者が子どもや親に一方向的に提供するものであり、その対価として利用料負担が求められている。これは、商品経済における交換関係と同じであり、支援は貨幣的価値と

換算・交換できるものとされる。

具体的には冒頭で述べたように、障害者自立支援法によって、乳幼児期の療育に利用契約制度と応益負担がもち込まれ、子どもの保護者は、個別給付とされる金銭を支給されて（実際には施設が代理受領）、1割の応益負担を含む利用料の支払いによって療育を受けることになった。この関係になってしまうと療育は貨幣的価値によってのみ計られ、力を出し合い、共同で価値を創造していくという関係性が壊されていく。

障害者自立支援法は、療育を交換価値の対象として規定したところに、その質を変えることになる重大な変更点があった。この法は廃されたが、改正児童福祉法によって包含しなおされた療育は、このような利用契約制度を改めるものではなかった。システムは、多くの場合、人間の意識を徐々に、あるいは劇的に規定し、変化させていく。貨幣で自由に療育サービスを買うことができるという意識は、それに抗する実践と理論の展開なくして、変化の契機を経験することはむずかしいだろう。

このような交換システムの導入によって、社会福祉、社会保障を、国民の権利から除外しようとする政治を変革していくためにも、療育とは何かを問い、本来の共同を守ろうとする人の輪を広げていくことの大切さが自覚されなければならない。

参考文献

①黒崎愛子（2003）親子教室——大阪府羽曳野市．近藤直子・白石正久編，障害乳幼児の地域療育．全障研出版部，29～45ページ．

②白石正久（1994）発達の扉・上巻——子どもの発達の道すじ．かもがわ出版．

③白石正久（1999）発達とは矛盾をのりこえること．全障研出版部．

④白石正久・白石恵理子編（2009）教育と保育のための発達診断．全障研出版部．

⑤田中昌人・田中杉恵（有田知行・写真）（1981-1988）子どもの発達と診断・

全 5 巻．大月書店．
⑥田中昌人（2006）復刻版・講座発達保障への道　第 3 巻．全障研出版部．（初版は 1974）．
⑦田中昌人監修・「要求で育ちあう子ら」編集委員会編（2007）近江学園の実践記録・要求で育ちあう子ら——発達保障の芽生え．大月書店．

発達と指導をつむぐ

第3章

子どもが意味や価値を発見できる教育

1　四つの実践論から

　全障研の研究誌『障害者問題研究』第36巻第3号（2008年、全障研出版部）において「特別支援学校における教育実践上の課題」を特集した。そこでは、各地から四組の教師が実践を寄稿し、私がコメントを添えた。

　　原田文孝　重症児の課題のとらえ方と授業づくり
　　佐藤比呂二　自閉症児と授業づくり
　　岡本俊子・村田有美・船橋秀彦　障害児学校における教育課程づくり
　　　の取り組み
　　羽田千恵子　障害児学校における教育課程づくりの取り組み

　まず、この四つの実践を紹介しつつ、障害のある子どもたちの教育に求められる視点を導き出してみたいと思う。

子どもの歴史をみつめる
　原田文孝は、小学部の「チューリップグループ」での実践から、「重症児の課題のとらえ方と授業づくり」を提案した。このグループは、重い運動障害に、知的障害、視覚障害などを重複してもつ子どもたちの集団である。子どもたちは、筋緊張のコントロールに顕著な障害をもち、多くは持続的な過緊張、二次的な障害としての変形、側彎、股関節脱臼などを併せもつ。筋緊張だけではなく、聴覚、全身の触感覚にも過緊張ゆえの過敏性がみられることが多い。
　原田は、このような子どもたちを「小さい頃からからだへの触れ合いを通して、大人への愛情を感じとる」という経験を制約されてきた存在として理解する。そうして、「愛されべたの子どもたち」としてとらえ直

し、「愛してほしいという要求を高め、自らその悩みを乗り越えていく」という教育課題を設定する。

　ここで重要なことは、からだや感覚の過緊張状態をとらえて、「触れられること、動かされることに慣れていく」という課題設定にはなっていないことである。原田の実践には二つの重要な視点があると私は思う。一つは、教育課題を子どもに内在する生活史においてとらえるということである。その障害ゆえに制約されてきた人間的な生活経験、感情体験に目を向け、それを学習する過程を保障することによって、幸福を追求することの復権をはかろうとしていること、もう一つは、運動や感覚という要素的側面だけではなく、生活経験、感情体験の人格的主体にはたらきかけようとしていることである。

　授業の一部を紹介する。授業の前半では、車椅子に座っている子どもたちに、『だっこして』（西巻茅子作・絵、1995年、こぐま社）をリズミカルに読み聞かせる。「だっこ、だっこ、だっこ、だっこ、だっこして～」と読みながら近づいていく。「カンガルーのかあさん、はいだっこ～」と読んでから、「だっこ誰ですか？」と問いかける。応えた子どもに、「だ、だ、…」と期待させながら近づき、ぎゅーと抱きしめる。

　後半は教室から出て、セーフティーマットの上に寝ころぶ。教室から出ていくときにも、「だっこ誰ですか？」と問いかけ、抱きしめながら移動していく。

　このような課題意識と授業によって「ふれあい文化」に出会った子どもたちは、友だちと教師の触れ合いをみながら期待を高め、触れてくる教師を安心して受け入れられる主体に変化していく。その変化を実感した教師も、子どもへの愛情をたしかなものにしていく。この子どもと教師の、人格的相互作用における変化の実感こそ、指導実践を発展させるための原動力を与えてくれるものである。

葛藤をのりこえる発達の主体を形成する

　佐藤比呂二による「自閉症児と授業づくり」は、中学部の実践であり、激しい自傷行為のなかにある大吉君と向き合った記録であった。佐藤自身も子どもとの関わりのなかで傷を負いながら、子どもの内面と自らの内面の動きをありのまま理解し、受け止めようとする。「場面転換で心が揺れるのは、いつも少し先に思いを巡らし、不安や葛藤を感じたり、できない自分をイメージしてしまうからではないか」と佐藤は気づく。そこに「やってみたい、できるようになりたい」という子どもの発達要求を認識する。

　校外学習のゴーカート乗りを目前に、「乗りません」と宣言する大吉君に対して半ば「騙まし討ち」のように乗せてしまう。その教師にとっての冒険を振り返りつつ、「できた・できない」という結果ではなく、「やり終えて子どもの心に何が残ったか」という子どもにとっての意味や価値こそが大切なのだと分析する。

　そうして変化の契機は訪れる。つねに両手を保持していないと自傷を始めてしまう大吉君に対して、二人羽織状態で給食をする。その状態でないと佐藤も自分の食事をとることができない。ところがある日、食事を終えた大吉君が、頭を佐藤の膝に乗せ、自ら両手を放してくれたのだ。「今度は先生が食べる番でしょ」というように両手でコップを持ち、そうすることで手が自傷に及ぶことを抑えているようであった。

　佐藤は、「子どもは、支えてもらっている受け身の状態のままでは変わらない。支えによって願いを実現し、『より良い自分』への願いが高まるなか、『支えられる存在』から『自らを支える存在』へと変わってゆく」と実感をもって語る。

　自閉症へのアプローチは、目に見える現象としての行動変容を目標とする学習理論と、見えない精神世界への精神分析や臨床心理学的分析が、水と油のごとく存在しやすい領域だが、大切なことは、子どもが自ら変化させていこうとする願いと力をどう形成するかという教育の視点なの

だ。

地域の中で自分らしく働くことを知る

　高等部の岡本俊子・村田有美・船橋秀彦による「自分で仕事を選ぶ実習、自分探しと進路学習」は、一般就労のための「スキル」の獲得を主眼とする実習経験偏重の傾向を冷静にみつめ、生徒主体の就労支援を模索する実践であった。この実践の対象となっている生徒たちは、「労働」の社会的意味をある程度認識できる発達的力量をもっているのだが、だからこそ「労働はかくあるべき」ということを、教師から伝達することはしない。

　生徒は、高等部１年生１学期の課題として、まず、総合的な学習の時間に、「やってみたい仕事、苦手な仕事」の学習をする。いろいろな仕事を出し合い、表にしたものに対して、各自、「〇」と「×」で「やってみたい、やりたくない」をつけていく。続けて、最初の校内実習として、地域のなかでさまざまな労働に就いている人々へ「なんのために働いていますか」「うれしいことはなんですか」「つらいことはありますか」などとインタビューをしたり、実習を体験している２、３年生の先輩の姿を見学したり、近隣の工場への見学を通して、働くとはどういうことかという労働の意味や価値を、自分なりに認識していこうとしている。

　このような経験を通じて、生徒は「うれしい」ばかりではない「つらい」こともある、働いてお金をもらえることはうれしいことだが生活は苦しい、お金にはならないことにもうれしいことはあるなど、一面的ではない視点を獲得していく。だからこそ最初の現場実習である「インターンシップ」によって、生徒は「かんたんな仕事」がいいのではなく、自分の求めている「仕事」とは何かを深く考えることができる。

　そこにおいて「自分を知る」とは、自分の能力を知ることではなく、自分の気持ちを知ることだと視点が深まっていく。自分の気持ちが「ひきつけられる」ことは何なのかを正直に考え、語ることが、肯定的な自

己認識の形成にとって大切なのだ。「ひきつけられる」とは、「自分らしさ」を発見することであり、「頼りにされる」経験を通じて、その認識は自己の価値の発見へと発展していく。

文化と発達の系をつなぐ

　羽田千恵子による報告「障害児学校における教育課程づくりの取り組み」では、1991年に開設されて以来の知肢併置校における教育課程の自主編成の取り組みの経過が紹介されている。

　教育課程の自主編成を目指す集団的営為は、1970年代から80年代の希望者全員就学、養護学校設置義務制の実現と、教育権の実質化を目指す運動的な努力のなかで、各地で積極的に行われていたものであるが、学習指導要領の徹底という動因の影響を受け、骨抜きにされつつある。その状況下において、貴重な報告である。

　ここで紹介されているのは、2005年度からの4年間のプロジェクトの取り組みの経過である。校内において、このような不断の研究が求められる一つの理由は、学校が教師の人事異動という新陳代謝を内包し、議論と合意を繰り返していくことが必然的に求められているからだ。そうすることによって、学校は血脈の通った実践体になっていく。本報告では、とくに、子どもの発達要求をとらえられる確かな目を共有すること、その発達要求にかなう文化の系統を創造することが、このプロジェクトの一貫した目標として紹介されている。

　たとえば思春期にふさわしい文化とは何かという年齢的要因を問いながら、子どもの文化要求にはたらきかけようとしている。そのように吟味された質の高い文化を教師が体現していくことによって、子どもには教師の活動への憧れという学習要求が生まれてくるという。つまり、教材の文化性を探求し続けることによって、子どもの学習要求と発達要求がどのようなものであるかが、みえるようになる。

　たとえば和太鼓を「難しいけれど打ち分けたい」という2、3歳の発達

段階、『花笠音頭』を苦手意識を克服しながら「みんなで補い合い表現する喜びを体験する」4、5歳の発達段階、歌唱では「音楽を自己表現の手段の一つとして、周囲を感動させる表現にもしようとする」5、6歳の発達段階などというように、実践のなかで深化した教師の認識が紹介されている。

2　子どもと外界を媒介する発達

発達を知ることの大切さ

　筆者は、機能障害のきわめて重い子どもたちの発達診断において、「みかけの重度」という言葉を用いて、一つの問題提起を行ってきた。それは、いわゆる臥位姿勢を基本とする子どもたちに限らず、表出言語をもたず道具的な操作も困難な自閉症の子どもたち、あるいはレット症候群（註1）、アンジェルマン症候群（註2）などの特定の疾患の子どもたちの一部に、その現象的な活動レベルからは想定できないほどの言語的認識をもつ事例が存在することを、発達診断の方法を用いて明らかにすることであった。その結果として、2、3歳頃からの大小などの対比的認識を獲得している子どもも少なからずおり、それゆえに自己を社会的関係のなかで対比的に認識して、強い不安、葛藤をもっていることも明らかになった（参考文献③ 37〜55ページ）。

　このような重い障害をもつ子どもたちの教育に携わる教師の間にも、この子らは実はよく「わかっている」のではないかという実感が語られることがある。それは彼らが、教師の語りかけに傾聴し、それを理解したのではないかという反応を、微細なまなざし、瞬き、口の開閉、手指の動作、全身の緊張の変化などによって、表現することがあるからである。また、子どもから教師に、何かを語りかけているのではないかと思えることもある。

このような「わかっている」のではないかという教師の実感を大切にするならば、障害が重度であり発達検査が行えず、発達をとらえることは困難であるなどとして子どもの精神のありようをブラックボックスに入れてしまうのではなく、「どうわかっているのか」という事実をたしかめる方法を探究しなければならない。いかに機能障害が重度であっても、その子なりの内面的世界をもっているのであり、その世界への誠実さを欠いて、教育を行うことはできない。

　発達理解は、子どもに対する「わかる－わからない」「できる－できない」というような相対的な見方を退け、すべての子どもにその子なりの「わかる」「できる」があることを前提に、「わかる」「できる」内実と「わかるようになりたい」「できるようになりたい」要求において認識しようとするものでありたい。

認識の過程と感情・意志の過程が統合される発達
　人間は、外界にはたらきかけることによって、自らの意識への外界の反映としての認識を進化させていく。このような外界の意識への反映としての認識は、人間の能動性なくして成り立たない。つまり、そこでは進化していく認識だけではなく、能動性などと表現される、外界への態度の問題が問われているのである。このような心理過程をルビンシュテインは、以下のように説明する（参考文献⑥ 358ページ）。

　あらゆる心理過程は、世界の事物と現象の反映、像であり、それらについての知識であるが、その具体的総体性においてとらえられた心理過程は、この認識的局面だけをもっているのではない。われわれをとりまいている事物と人びと、現実の諸現象、世界において生起しつつあるできごとは、何らかの仕方で、それらを反映する主観の要求と関心に触れる。この故に、その具体的総体性においてとらえられた心理過程は、認識的過程であるばかりではなく、「感動的」情緒的＝意志的過程でもあ

る。それらは、現象についての知識ばかりではなく、それらへの態度をも表現している。

　ルビンシュテインは、認識的過程の役割を、「動作がそのもとで行われる諸条件に動作を照応させる」という意味で「執行的調整」の役割を担い、「感動的」情緒的＝意志的過程の役割を、「いかなる動作が行われるかを規定する」という意味で「鼓舞的調整」を担うものとした。やや噛み砕けば、外界のありようを認識し、それに応じて活動を行うことが「執行的調整」であり、その動機となり、エネルギーとなって活動を鼓舞することが「鼓舞的調整」である。
　また、ルビンシュテインのいう「感動的」は訳語が適切には選択できないもののようで、複雑な意味をもつ。つまり「情緒と感情」、「志向、愛着、願望」という二つの内容を含むものであり、「意志」とは後者のなかで最高の水準にあるものとされる。意志とは、「理性による思慮・選択を決心して実行する能力」（『広辞苑』第6版、岩波書店）と定義される。
　教育の過程に限定して考えるならば、子どもが教育内容、教材に対して何らかの意味や価値を発見するならば、その認識の過程は「わかる」という事実にとどまらず、「わかる」喜びとともに、「わかるようになりたい」という志向、願望をもつようになる。その結果として、さらに「もっとわかるようになりたい」という「心のバネ」を強めるフィードバックが形成されるようになる。そこに至って、認識の過程と感情・意志の過程は、しだいに統合されることになる。このような意味での「具体的総体性」つまり認識と感情・意志が統合される過程が形成されることによって、発達は自己運動の可能性を手にすることができる。

矛盾を発達の原動力として内包する過程
　発達の自己運動とはどういうことか。あらゆる物質、事物、事象は、つねに変化のなかにあるが、それはそれらのなかに変化の原因となる力、

つまり原動力が存在しているからである。発達においても、子どものなかに発達のエネルギー、つまり発達の原動力が生成している。では、発達の原動力とは何か。古くは、成熟（maturation）に内在する内因的な発展性と、環境（environment）に諸要因のある外因的発展性の対立において認識されてきたが、今日では択一ではなく相互作用において認識することが妥当とされ、そのあり方が探究されている。ルビンシュテインなどの拠って立つ弁証法的決定論の立場では、「外的要因は内的諸条件を介して作用する」とされ、その内的諸条件に、発達の原動力としての内的矛盾が位置づく。

　内的矛盾とはどのようなものかを説明するための発達事象を挙げるならば、次のようなことがある。

●乳児期の前半から後半への発達の飛躍的移行期である生後6、7か月頃において、子どもは対象へ手を伸ばそうと（リーチング）するようになるが、そのとき、田中昌人がいうように、対の対象を繰り返し見比べるような「可逆対追視」を行うようになる。子どもは対の対象を見比べつつ、好ましい色彩、大きさ、形態の対象に手をのばして把握する。そのとき、さらにもう一方にも視線を向け、それをも把握しようとするだろう。しかし、二つ（対）の対象を同時に把握することはできず、もう一方を把握した瞬間に、はじめに把握したものは手から落ちてしまう。それでも子どもは、それを再び把握しようとするだろう。

　このような乳児期後半への飛躍的移行期において、対の対象、つまり「一つ」と「もう一つ」の間での矛盾の生成と葛藤の過程を経過していない場合、後の発達段階になって、外界への心理的過敏性の高じる傾向や、手の操作において、「一つ」と「もう一つ」を合わせる定位的活動の獲得しにくさが現れることがある。

●1歳半の発達の飛躍的移行期において、子どもは「〇〇したい」という明瞭な目的性をもって活動するようになる。手の操作でも、「入れる、渡す、のせる」などの定位的活動を試みるが、思い通りには手を操作で

写真1　トラック模倣　　　　　　写真2　対称性反応

きず、意図したことと能力の矛盾を実感する。しかし、他者によって励まされ、成功や失敗を受け止められながら、この矛盾に挑戦し達成感を積み重ねていく。このとき他者は子どもに対して、支持し受容する存在だが、同時に子どもとは異なった意図をもち、子どもの意図を制限する存在として、子どもには認識され始めている。さらに子どもは受容・共感されるだけでは飽き足らず、自らの意図で他者を制御しようとするようになる。自他の意図の相克という新しい矛盾が、子どもには生じているのであり、この矛盾は自分の意図が受け止められなかったとき、「だだこね」やある種のパニック行動となって現れる。本質的には、自他の意図を調整する力を獲得していくという新しい課題を、子どもが引き受けることになる。

●1歳半の発達の飛躍的移行を達成した2歳前半において、子どもは積木の構成課題で「トラック模倣」(**写真1**)を完成させようとする。しかし、たとえばモデルとして提示された積木のトラックの荷台に、自分の構成のために与えられた積木をのせようとしたり、対称的に構成してしまうこともある(**写真2**)。このような反応を、筆者は「対称性反応」としてきた(参考文献⑤ 115〜119ページ)。自閉症の子どもたちには、比較的よく現れる現象である。つまり彼らは、「横に縦をつなぐ」という系列が何を意味しているかを理解すること、さらに、「○○して□□する」という二つ以上の単位を継続的に結びつけて認識し活動することが容易ではない。モデルという他者の意図を認識した上で自分の構成を求められる関係のなかで、意味がわからない、イメージがもちにくい、どうし

てよいかわからないという心理状態になり、モデルをしっかりみつめるという時間的空間的な「間」を保ちえず、安定的な形状で心理的に受け入れやすい対称的な形に瞬時に変形したり、対称的なものを構成してしまうとみられる。

　ここでいう葛藤的な心理状態を引き起こしているものは何か。自他の関係において、他者の意図を認識し、他者に求められるように構成を試みたいという志向性が生じている。これは状況への認識が育ち、状況に自らを合わせようとする志向性でもあり、「お母さん好きか？」と問えば、「すき」と答えるが、続けて「お母さん嫌いか？」と問えば、「うん」と答えてしまうような、いわば不確定さ、不安定さゆえの状況への合わせ方である。モデルに沿おうとする志向性と、しかし一方で「○○して□□する」という二つ以上の単位を結びつけることは容易ではないという狭間にいることが、対称性反応という現象を引き起こす。

　しかし実は、対称性反応は否定的なものではなく、他者の意図と自分の意図の「調整」が始まっているからこそ現出する。つまり対称性反応には、その「○○して□□する」という二つ以上の単位があることを認識し始め、それを自らの構成表現として受け入れようとする発達要求と、その単位を創り出すことがまだむずかしいという発達の現実が、互いに分かちがたく結びつき、たたかいながら存在している。その内的矛盾は、自他の関係において他者の意図と自分の意図が互いに影響を受け合いながら葛藤（conflict）するという反抗期の姿にもなって表れるのである。

　このように内的矛盾は、もう少しのがんばりを求められるような課題において、「できるようになりたい」「わかるようになりたい」などという志向性を子どもがもち、かつ今の機能や能力のレベルでは、すぐには解決が困難な課題において生成する。そして、内的矛盾は、その克服のための志向性と能動性を高め、克服の手がかりを与えてくれるような指導によって、発達の原動力としての役割を果たすようになる。

　志向性と能動性を高める指導とは、どのようなものだろうか。それは、

まず子どもにとっての活動の意味や価値を認識させてくれるものではないかと筆者は考えたのである。

3　子どもが意味や価値を認識できる指導

　意味と価値という二つの言葉は、近接し重複する内容をもつ。意味とは表現されていることの内容やメッセージのことであり、その内容がもつ価値を含む。価値とは、役に立つ性質やその程度のことである。教育において教育内容、教材の意味や価値を判断する主体は、まず教師であり、かつ、その教師の認識や判断を含めて、自分にとっての意味や価値を判断する主体は、子ども自身である。ここでは、教育内容、教材に対して、子どもが自分にとっての意味と価値を見出せるために、何が大切なのかを考察したい。

子どもを常に創造の主体としてとらえる
　障害の重い子どもたちとのかかわりで、視線の動きや瞬き、表情の変化などの小さな表出を、大人が子どもからの要求伝達と受け止めるとき、「原初的コミュニケーション」の成立がみられるとされる。泣くことも、笑うことも、でき始めたばかりの乳児において、母親などの家族が、「オムツ濡れちゃったの、ゴメンネ」「気持ちいいの、よかったね」などと、まるで子どもの泣きや笑いをわがことのように受け止めていくことによって、いっそう泣くこと、笑うことが確かになっていく過程をたどるなら、「原初的コミュニケーション」の大切さは首肯できるものである。
　しかし、そうであったとしても、筆者はこのような事実をコミュニケーション手段の獲得や人間関係の形成という視野でのみ理解することには、物足りなさを感じる。たとえば、微笑みを獲得し始めた頃の乳児が、偶然にも発した口の動きによる音声を、母親が模倣するごとく再現

してみせている姿を思い描いてみよう。母親の再現がおもしろいのか、子どももその音声をもっと再現しようとする。この関係のなかで生産される口の運動による音声は、はたしてコミュニケーションの獲得や形成においてのみ理解されるべきものか。筆者は、すでにそこに共同による一つの文化の創造をイメージするのである。

あるいは障害の重い子どもを教師が膝に抱き、ともに空を眺めている姿を想像してみよう。それを、空をともにみつめることによって、二人で共有する新しい世界を創造しているとみることはできないか。そのときの子どもと教師は、子どもが教師の意図のもとにあるのではなく、意図を共有し合い、ともに外界にはたらきかけ、何かを新しく創造しようとしている関係にある。

さらに、自閉症の子どもは、多くの場合には喜怒哀楽の感情の共感や共有がむずかしいが、まさに「心のチャンネルがあった」というコミュニケーション関係ができると、自らのイマジネーションの世界を描いてくれるようになる。その描画などに、背景となる現実のストーリーや、意味ある人間関係を見出すことはまれだが、その価値を見出してくれる関係のなかで、何かから解き放たれたように描いてくれる。

子どもは、自分の意図と他者の意図が区別された二分的な関係にあるのではなく、自分もうれしいし相手もうれしいというような相互浸透的な関係にもなることを学習すると、その呼応する関係のなかで、世界を広げ高めていこうとするようになる。そして、子どもの変化を通じて私たちも、子どもをみる目や指導の方法を変化させることができる。

以上のように、重症児も含めて、どのような障害をもとうとも、コミュニケーション関係が形成されるということは、すでに文化的創造の可能性を広げることになるのであり、そこには意味や価値のある世界が創られていくことになる。そうみることによって私たちは、障害の重い子どもたちであっても、教材としての文化に触れ、教師との共同作業によって、文化を創造する主体に育てるという課題意識をもつことができ

る。換言すれば、コミュニケーション関係の形成という視野だけでは、教師は、教材研究への動機をもちにくいのではないか。

子どもの生活史への想像によって教材に価値を吹き込む

　かつて筆者は、兵庫県の障害児学校の教師、三木裕和の、重症児施設の訪問学級に在籍する子どもたちへの「おひさまでポカポカに干した布団で寝る快さを伝えたい」という実践を紹介し、その心地よさを知らないであろう子どもたちの生活史に想いをめぐらす想像力こそ、教材に命を吹き込むことになるのではないかと述べた（参考文献④ 67〜68 ページ）。太陽のもとでふかふかになった布団は、暖かさだけではなく、からだがやさしく沈み込む感触、ほのかな太陽の香りで子どもをつつむ。

　さて、教材に命を吹き込むとはどういうことだろうか。重症児施設の子どもたちは、その人生の早い段階から医療機関のベッドを居住の場として生活してきた。そう考えたときに教師は、だからこそ、家庭での生活ならばあたりまえに味わうであろう「ポカポカに干した布団」を経験させてやりたいと願う。その子どもの生活史への想像が、教師を教材づくりへと駆り立てる。

　障害による経験と学習の制約、社会参加の制約は、子どもたちの幸福の観念を狭いものにしかねない。その事実を知り想像することのできる教師は、子どもに伝えたいと願うさまざまな生活を、教材のなかに織り込んでいこうとする。その経験を意味あることとして認識したとき、子どもは鼓舞され、いっそう価値あることを経験したいと願うようになるだろう。その中で、子どもは生活への期待と要求をもって生きるようになっていく。その変化にあずかった教材は、持続的な意味と価値、つまり生命力をもって生き続けていくことができる。

生きる力としての価値をもつ文化、そして芸術

　2005 年前半期の NHK の朝の連続テレビ小説は『ファイト』であった。

群馬県の 15 歳の高校生、木戸優は、自らも選手としてソフトボールの強い私立高校に入学するが、父親の工場の経営破たん、友人との葛藤のなかで、学校に行けなくなってしまう。しかし、郊外の競馬場の厩舎で出会った馬の瞳や母の実家の旅館での労働によって心は癒されていく。
　このドラマの主題曲は、群馬交響楽団の演奏であった。私は、子どもの頃、年に 1 回、学校を訪問してくれるこの楽団の演奏が楽しみだった。いつも童謡『赤とんぼ』を演奏してくれた。そのゆったりした金管楽器の音色を聴いていると、幸福な気持ちになった。私は、子どもの頃、あまり元気ではなかったのだが、その萎んだ心をこの楽団は元気にしてくれた。
　敗戦のなかから、「音楽を通じて日本を世界的な文化国家に高めていく」ことを願って結成された群馬交響楽団は、群馬県の山間地にまで音楽を届けようとする「移動音楽教室」を主な活動としていた。楽団が県民や子どもたちのなかに根を下ろすには、相当の苦労があったと思う。今井正監督の『ここに泉あり』（独立プロ、1955）は、その前身「高崎市民フィル・ハーモニー」を描いたものだが、映画のなかでは、つめかけた村人が聴きなれないクラシックに飽きて次々帰ってしまう悔しさも味わい、しかし、瞳を凝らして聴き入っていた少女が野の花を手折って届けてくれたりする。その演奏は、しだいに県民の心をつかんでいった。
　個人的な経験を披歴したが、さまざまな芸術の多くは、人の感性や琴線に触れたときに、その人の心を強くつかむ。そして、その人の心にとどまり続け、苦しいときにも、喜びのときにも、人を励まし、祝福してくれる。第 4 章において、教材が生む「懐かしさ」の大切さを述べるが、その感情には、文化、芸術の出会いのときの思い出や生活の苦楽がはりついているはずだ。文化、芸術を創り伝えようとする人の意思があり、待ち望む人の苦楽ある生活と人生があるからこそ、それは届けてくれた人の思い出とともに、人々の心にとどまり続けることができる。

子どもの労働の価値を地域の中で相互承認する

　京都府立与謝の海養護学校（現在は与謝の海支援学校）の「労働教育」の一つ「稲作り」は、苗代作り、田植え、水やり、害虫防除、稲刈り、稲こきと続く取り組みであり、収穫祭によって締めくくられる（参考文献②84～86ページ）。同校の記録映画『ぼくらの学校』（大映企画・京都映画センター、1981）には、田んぼの畦のベンチで横たわっていた障害の重い子どもが、自分も田植えをしたい思いに駆られて、泥の中に身を投じてしまう場面も写されていた。

　与謝の海養護学校の設立運動の中心にあり、後に校長も務めた青木嗣夫は、「人間が人間として発達してきた歴史という観点から考えて、労働は人間の発達にとってかくことができないという視点をおさえながら、（中略）いわゆる作業学習と、私たちのいう労働教育とは違うんだとおさえてきました。とくに私たちが大事にしましたのは、素材から完成へという過程を子どもたちにきちんと学ばせていく必要があるということです」と述べている（参考文献①63～64ページ）。

　地域の中で子どもたちは、田畑で働く父母、祖父母などの姿を幼児期から眺め、その労働の過程の、長い努力の後の収穫の喜び、生産物の味わい、移りゆく田や畑の風景に心をひかれながら、成長、発達してきた。そこには「そのしごとの大切さ」という価値が、断片的なものではなく、まさに生活の過程にそって認識されているのであり、その認識が、稲作りに子どもたちを駆り立てる大きな要因になっていることは想像に難くない。

　労働において、子どもの認識の過程と感情・意志の過程が統合されていくのは、どんなときか。それは、その労働を構成する活動に、子どもが興味を抱き、楽しさを感じて、志向性、能動性を高めるときだろうが、それのみではなく、たとえ苦しくても、その労働の生産物に対して、特別の意味や価値を見出せるときではないか。その生産物を「よいもの」「役に立つもの」として他者が認めてくれたときに、子どもは胸をはるこ

とができる。その価値は、多くの場合、地域の中での具体的人間関係において、「よいもの」「役に立つもの」であることを、相互に承認されてきたものである。

　それは、貨幣的な価値と交換できるか否かを問わず、役に立つ性質としての「使用価値」をもっているのである。したがって、そもそも労働の基本となる定義は、「人間が人間の肉体的・精神的能力である労働力を使用して外部の自然に目的意識的に働きかけ、自然を変化させて使用価値をつくりだす活動のこと」(『社会科学総合辞典』、新日本出版社) となる。

　生産はあっても、そのなかの部分的な生産にのみかかわらされたり、その成果を確認できなかったり、利潤の追求にのみ駆り立てられたり、意に反して長時間労働に拘束されたり、そういった抑圧や搾取のなかに置かれて使用価値の認識が得られないと、人間は労働の喜びから疎外されてしまう。

　もし、特別支援学校の「作業学習」が、労働の本質的意味の認識を欠いて、労働生産性、効率化、利潤の追求を旨とする現代の労働現場に適応させるための指導になるならば、すでに教育の場において、子どもは労働からの疎外を味わうことになる。

＊

　四つの実践報告を手がかりに私は、子どもが自分自身を含む対象のもつ意味や価値を認識することが、感情・意志を鼓舞することにつながっていく過程に、「発達を指導する」と呼ぶべき本質があると考えた。そして子どもが、そういった意味や価値を認識していく過程は、それが形成されてきた地域性と文化性を含む歴史性を基盤としていることに思い至った。そう考えるならば、「個別の指導計画」あるいは「個別の教育支援計画」は、「計画」である前に、このような子どもの「歴史」を丁寧に記録することを通じて、のちの実践者にヒントを提供するものであってほしいと願う。そういった子どもの歴史に想像をめぐらすことこそ、私たちに求められている大切な力だと思うからである。

註1　DSM-5への改訂までは、広汎性発達障害の一つとされていた。基本的には、女性にのみ発症する進行性の疾病である。生後6か月から1歳中頃に手をもみ合わす、叩き合わすなどの常同行動が出現し、失調、脊椎変形、てんかん発作などを伴うことがあるウィーンの小児科医アンドレアス・レットによって1966年に記述された。今日、X染色体上のMECP2の突然変異によって引き起こされることがわかっている。女児1万～2万人に1人の発症率である。

註2　144～145ページで事例とともに解説する。

参考文献

①青木嗣夫（1997）未来をひらく教育と福祉——地域に発達保障のネットワークを築く．文理閣．

②京都府立与謝の海養護学校（1978）よさのうみ10年のあゆみ．

③白石正久（2004）重症児の発達診断．兵庫重症心身障害児教育研究集会実行委員会編．重症児教育——視点・実践・福祉・医療との連携．クリエイツかもがわ．

④白石正久（2006）発達をはぐくむ目と心．全障研出版部．

⑤白石正久（2007）自閉症児の世界をひろげる発達的理解．かもがわ出版．

⑥ルビンシュテイン（寺沢恒信・訳）（1961）存在と意識・下巻．青木書店．

発達と指導をつむぐ

第4章

教材研究に発達の視点を生かす

本稿の目的は、障害のある子どもたちの教育を念頭に、教育目標によって選択され、具体化された教育内容、教材が、子どもの発達とどのような関係を結ぶことによって、その相互の発展に資することができるのかを検討することである。

　この課題は、広く教育一般において問われ続けてきた古くて新しい問題である。そもそも人間の発達の原動力は何かという議論から始まる。それは、子どもの発達は生得的な遺伝情報の発現だとする成熟説、環境設定によって発達の事実は変更されうるとする環境説、その相互の関与によるとする輻湊説（折衷説）などに分類され、さまざまなバリエーションをもちながら、今日も存在している。

　あるいは、人間の心理発達の決定因をめぐる旧ソビエト連邦での弁証法的唯物論の立場における論争も、過去のものとするわけにはいかない。たとえば、レオンチェフは、発達は社会的に存在している形態であり、対象に内在し歴史的に存在している経験の習得と獲得の過程であるとする。つまり社会的、歴史的な所産を人間が「占有」していく過程が発達であり、発達の決定因は子どもの外にあるとする（参考文献⑧）。

　これに対してルビンシュテインは、子どもの内部条件と外部条件の相互関係のありようが看過されてはならないとする視点から、「外部条件は内部条件を介して作用する」という「決定論」を述べた。その内部条件において重要な意味をもつのは、自己運動としての発達の合法則的な過程であり、なかでも発達の原動力としての内的矛盾の解明であった（参考文献⑪⑯）。

　この矛盾は、子どもの発達要求と、それを実現するための子どもの手段でもある機能や能力のレベルのずれを、現象的な姿とするが、実は子どもの内部にある発達の志向性と、現下の発達の様式レベルの対立を本質的な特徴とする。換言すれば、子どもが何らかの発達的な要求をもったからといって、それがすべて内的矛盾の生成につながるということではない。さらには、子どもが発達要求をもつに至った外界の事物・事象

や組織された教育指導が、内的矛盾の生成にかかわるときにおいて、その矛盾は原動力となり、その矛盾の克服が、新たな発達の志向性を惹起することになる。

このように「決定論」においては、発達の原動力としての内的矛盾と、子どものはたらきかける対象であり、外部条件である発達の源泉は、厳密に区別される。また、外部条件がすべて発達の源泉になりうるわけではなく、子どもの主体性と教育的関係のもとに選択・吟味され、獲得されていくもののみが源泉と言うに値する。

さて、そのような心理学からの議論ではなく、それと問題を共有しつつ、ここでは教育的に価値のある対象として選択、吟味された教育目標と、その具体化であり手段である教材によって構成される教育内容という契機、そして、その教育内容と向き合う子どもの側の、なかでも発達という契機が、教育指導によって媒介され、どのように作用し合うのかを試論的に考察してみる。なお、ここでいう契機とは、変化・発展・発達を引き起こす直接の原因、つまり動因のことである。

1　発達的認識とは何か

「発達の状況」を理解するとは

特別支援教育への移行において、「発達の状況」に応じた教育の重要性が重視されることとなった。この文脈における「発達の状況」とは、多くの場合、発達検査・知能検査などによって算出された発達年齢・知能年齢、発達指数・知能指数などのことであり、また機能・領域ごとに算出されたそれらの数値を、発達や知能のプロフィールとして描出したものである。

このような「発達の状況」に応じて教育目標を定め、教材が選択されたとしても、子どもの学習が成立しないことはありうる。そのとき、そ

の要因を検討することはできるだろうか。子どもが興味をもって学習し、一定の達成を見ることができたとしても、何が子どもを持続的に動機づけたのかという内的契機と、その教材の妥当性の相互関係をとらえることはむずかしいだろう。なぜならば、これらの数値として表現される「発達」や「知能」は、子どもに内在する契機を表現しておらず、他から与えられた指標にすぎない。このような指標では、子どもがその教材をいかに感じ、かつ認識し、そして、どのような過程で取り入れようとしたかという内外の契機の相互関係は、まったくといってよいほど、分析することができないのである。

このような「発達の状況」の指標ではなく、私たちに求められる発達的認識とはいかなるものか。本稿では、「外部条件は内部条件を介して作用する」という「決定論」に立ち、子どもの内部条件、内的契機としての発達への認識がたしかであることによって、教育目標と教材の妥当性を検討する足場ができるという観点から、発達的認識とは何かを問うてみたい。

付言するが、自分は発達への認識がなくても実践できるとする経験ある教師も多かろう。しかし、それをもって発達的認識が教師に必要ないということにはならない。なぜなら、その教師にとっては無意図的なものであっても、子どもの発達の質的レベル、発達要求、内的矛盾、発達連関への分析は、まさにその教師の思考のなかでなされているのである。さらに大切なことは、教師が発達的認識をもとうがもつまいが、すべての子どもには、つねに個としての発達の過程が存在しているのである。

「みかけの重度」の意味すること

かつて筆者は、「重症心身障害児」に包含されるいくつかの事例について、あえて「みかけの重度」という言葉を用いて、慎重な発達診断、発達評価の必要性を述べた（参考文献④⑥）。

たとえば、重度の脳性まひや難治性てんかんをもち、座位保持や寝返り、コミュニケーション手段の獲得の困難な子どもたちは、その機能障害の重度感から乳児期の発達段階と診られることが多い。しかし、実は2、3歳頃からの発達段階における「大きい－小さい」などの対比的認識を獲得している事例が少なからず見出されるのである。また、自閉症であり、言語の獲得がみられず、紙を破る、水をまき散らすなどの常同性の行動をする子どもたちのなかにも、対比的認識を獲得している事例がある。

　これらはいずれも、発達遅滞のレベルにおいて「最重度」という印象を周囲に与えているが、実は言語による概念的認識の獲得がなされつつあるのであり、その実態と教育における評価の間に、著しいずれを示している。「最重度」という評価を前提にして教育目標、教育内容が選択されることになると、子どもの発達要求とかけ離れた教材が提示されることになる。実際、そのことに対してあたかも「つまらなさ」を表現するように、「寝入る」ふりをして反応する重い運動障害の子ども、あるいはそのような評価による教材提示に耐えかねたように、狭い場所や毛布などで身を隠し、紙や水を対象とする常同行動を続ける自閉症の子どもがいる。

　つまり彼らは、たとえば対比性を認識し、対比性を創り出すという特徴をもった発達的力量によって、外界のありようを感じ、かつ認識し、同様に自分自身のことも見つめているのである。そして、志向性をもって外界と自分自身にはたらきかけて、それを変革していこうとしている。これが発達要求である。この認識によって教師をはじめとする他者の自分に対する意図や評価をとらえ、その認識をもって自己を見つめて強い葛藤を覚えることもあろう。

発達的認識として求められること

　では発達的認識とは何か。発達的認識の対象とする発達とは、子ども

自身が外界と自己を認識し、それに志向性をもってはたらきかけ、変革と創造によって新しい事実を創り出していく過程のことである。その外界と自己にはたらきかける力は、個別の感覚、機能、能力に分解されるものではなく、それらの相互連関を統合する様式をもっている。様式とは、ある時間的空間的な範囲において、共通してみられる特徴あるシステムのことである。

　たとえば田中昌人（参考文献⑧）は、「可逆操作の高次化における階層－段階理論」を提起し、その「可逆操作」を次のように説明した。「発達における自己運動として外界をとりいれ、運動・実践を産出するにあたって、活動の源泉であり活動の結果としてうまれる欲求を人間的な発達要求にたかめつつ間接性を操作していく際の基本様式の一つ」であり、「外界を変化させるとともに、自己の自然（本性）を変化させていくし、さらに諸連関のもとで自らの潜勢能力を発達させて自己自身の統制に従わせ、制限からの発達的解放、客観的自由獲得の可能性を増大させていく」。つまり、外界と自己にはたらきかけ、発達として結実していく活動には、それに内在する特徴的な様式があるのであり、その様式はさまざまな機能・能力の諸連関を特徴づけるものである。田中のいう「可逆操作」は、このような様式の一つとして仮説されたものであった。それは、学習の結果としての行動の変化、あるいは「できないことができるようになる」という一つひとつの現象的事実とは区別された、子どもの活動を質的に規定するものである。

　教育に求められるのは、このような様式を、子どもに対して内在的視点をもって、つまり、その様式によって外界と自己を対象化しようとしている子どもの立場に立って認識することである。教師の側に、このように主客の関係をとらえる視点があるならば、自ずと単なる様式の質を認識することで終わらず、子どものなかにある現下のレベルの前に広がる発達可能性の領域への認識をもつことができるだろう。それは、子どもの発達要求と現下のレベルのあいだに存在する内的矛盾への認識でも

ある。先述の通り、この内的矛盾は、子どもがある対象や活動への意欲をもち、それを自らのものにしようとする状況のなかで、意識化され目に見える不安や葛藤の形をとるが、実は目には見えない発達の過程のなかに法則的に存在しているものである。

つまり、教育に求められる発達的認識の主たるものは、一つには活動を質的に規定する様式とそのレベルへの理解であり、二つには「レベル」という静的状況に対する理解にとどまらない、そこに存在する子どもの発達要求の引き起こす内的矛盾とそれが外に現れるさまざまな心理的現象への認識である。

2　子どもと教材がつくる単位

文化を取り入れる単位

すでに述べたように発達とは、子どもが外界と自己自身にはたらきかけ、そこでの経験と創造の事実によって、自己を変革していく過程である。その際、外界とは自己をも含む自然と文化である。自然は、人間が存在する以前から人間の活動とは区別されて存在する物質、事物、事象である。文化は、人間が、その身体と精神によって自然と既存の文化にはたらきかけ、創造してきたものであり、衣食住、育児、コミュニケーション、教育、労働、芸術、文学、スポーツ、学問、技術、経済、政治、倫理、宗教などであり、それを行うための道具や技能を含む。

一般的に文化には、さらに良いものを創造・生産し、「より良く生きたい」「より良く自己実現したい」という人間の要求によって生産された価値が内在している。子どもは、文化を取り入れていく過程において、そこに込められた「願い」を感じ、かつ認識し、自らも価値の創造の主体になって、いっそう豊かに生きようとしている。

しかし、いかに価値のある文化といえども、子どもはそれを無条件で

学習し、自己を形成していけるわけではない。そこには、発達の様式、発達要求、内的矛盾、発達連関の特徴、そして一人ひとりの子どものもっている感性、関心、興味に規定された文化の取り入れ口がある。この感性、関心、興味を規定する要因については、後述することにする。

　この取り入れ口が、どのような「レベル」（質）において、どのような「大きさ」（量）で、どのような「つながり」（連関）をつくって文化を取り入れ創造していくことができるのかが、教育の関心事になる。つまり子どもは、教材化された文化と向き合い、感性をゆさぶられ、関心と興味をもってある事実を認識し、自らのものとして取り入れていくのであるが、大切なのは、その過程において、教師の指導のもとで子ども自身が、取り入れることのできるように文化を選択・加工して、質と量とつながりをもった単位をつくり出していることである。

　具体的に例示してみよう。

乳児期の発達の階層における単位

　乳児期前半の発達の階層（生後6、7か月頃まで）における生後2、3か月頃の発達の様式を獲得しつつある子どもは、快と不快を分化するようになる。したがって、たとえば日頃から快と感じている人の声や抱き方を「その人」としてわかり、その人の顔を「見る」ことへの意欲を高めていく。そこでは、その人を快の対象として感知し、はたらきかけようとする単位が獲得されるとともに、さらに「見る」という子どもからの主体的な活動が誘因となって、子どもの活動を受け止めようとする相手の活動を惹起する。そこには、他者との関係という新しい単位もつくられ始めている。

　乳児期後半の発達の階層（生後6、7か月頃から1歳半頃まで）への移行においては、腕を振ればガラガラが鳴るというような自己の運動産出の結果にとどまらず、紐を引けばおもちゃが動くというような外界との間接性をもった手段と目的の関係が認識され始める。そのような因果関

係を認識することによって、目的のために手段を選択し創造する単位が獲得されていく。また、その結果をともに喜んでくれる存在がいることによって、激励を受けて、その活動を「もう一回」行ってみようとするであろう。そこには他者との共感と共有の関係をもって、対象的活動を行うことができるという単位もつながり始めている。

　幼児期・学童期前半の発達の階層（1歳半頃から9、10歳頃まで）への移行（1歳半頃）において、まず子どもは「入れる・渡す・のせる」などの定位的活動を自発的に行うようになる。たとえば、手に持ったものと容れもの、手に持ったものと相手の手、手に持ったものと「もう一つのもの」との関係を認識し、そうすることで「入れる・渡す・のせる」などの活動を一つの単位として行う。そしてその活動に対する他者の受容・承認による意味づけを期待するようになり、他者によって意味づけられたことによって、「もう一回」その単位をつくり出そうとする。さらに他者からの承認を期待し、それが実現することによって単位を重ねていく。この単位の量的な拡大が一定の蓄積を見せると、子どもは一つひとつの定位的活動に対して他者の受容・承認を期待することでは飽き足らず、そこにあるすべてのものを対象として「入れる・渡す・のせる」などの活動を「やりきった」後で、その結果を喜びの表情で見つめ、そしてその喜びを相手に視線や表情で伝えようとする。ここにおいて、「入れきる・渡しきる・のせきる」などの目的をもち、他者に先導されるのではない、自我の決定による「大きな」単位を創造するようになる。そして、対比的認識の準備が始まる。

幼児期・学童期前半の発達の階層における単位
　この階層内の三つの発達段階に即して例示するならば、以下のようになる。
　『いない いない ばあ』『いないいないばぁあそび』に代表される導入期の絵本は、他者によって引き起こされる「ばぁ」というページ変化を

『いない いない ばあ』
(松谷みよ子、瀬川康男絵、童心社)

『いないいないばぁあそび』
(きむらゆういち、偕成社)

　期待し、期待通りの変化の発見という単位の達成が、次の単位を期待することにつながるものである。そこには、「ばぁ」というかけ声とともに、一つひとつの登場物が顔を明かすことへの期待が、いわば並列的に続いていく。1歳半頃の飛躍が達成されると、この本の最後の登場物が「ばぁ」と顔を見せるところまでを「大きな」目的として意識し、本を一つの単位として読み聞かせを期待するようになる。期待とは時間的空間的に「今」は存在しないものを想定することであり、結果として、見えないものへの期待の心とともに、それを想像する表象機能が獲得され始めることになる。この段階においては、読み聞かせてくれる指導者と絵本を一つの単位としてとらえ、その指導者の表情、言葉、共感などが、重要な意味をもってくる。

　3、4歳の発達段階においてはどうだろう。『おおきなかぶ』は、「おばあさんは まごを よんできました。まごが おばあさんを ひっぱって、おばあさんが おじいさんを ひっぱって、おじいさんが かぶを ひっぱって――うんとこしょ どっこいしょ」というように、かぶに集う者たちを一つの場面として認識し単位として保持した上で、さらに一つの登場(人)物が加わり、新しい単位をつくっていく。そこでは、一つひとつの単位の並列ではなく、前の単位を表象として保持した上で、さらに大きな単位がつくられていくという「つながり」が、対比性の認識をつくる

『おおきなかぶ』
(A・トルストイ再話、内田莉莎子訳、佐藤忠良画、福音館)

『スイミー』
(レオ・レオニ、谷川俊太郎訳、好学社)

ようになる。そういった対比性のつながりによってつくられていく展開は、かぶが抜けるという締めくくりを現出させる。一つの単位がもっと大きな単位につながり、「大きくなる」という対比性が子どもの心をとらえ、かぶが抜けることへの期待を高めていく。この絵本の主題は、そのような大きくなるものの力強さへの認識と感情の共有にあろう。同時に、つながるものは、「おばあさん」「まご」「いぬ」「ねずみ」というように、しだいに小さくなっていく。その対比性がわかれば、「かぶが抜ける」という結末の意外性も、いっそう大きなインパクトをもつ。予期や期待への「どんでん返し」が、子どもの心をとらえるという単位も、つくられつつある。

　6、7歳の発達段階は、『スイミー』によって例示してみよう。一つひとつの見開きページで表現される場面が、子どもの琴線に触れるがごとく共感的な感情を引き起こす。「スイミーは およいだ、くらい うみの そこを。こわかった、さびしかった、とても かなしかった」「スイミーは おしえた。けっして はなればなれに ならない こと。みんな もちばを まもる こと」「みんなが、一ぴきの おおきな さかなみたいに およげる ように なった とき、スイミーは いった。『ぼくが、めに なろう』」。つまりここでの基本になる単位は、スイミーに感情移入し、「こわかった、さびしかった、とても かなしかった」などと「まるでわがことのよう

に」想い描くことができる各々の場面理解のことである。視点を他者に移すという視点変換が可能になり始めていることが、この単位の産出を可能にする。そして、その単位が次の単位につながっていくという系列性によって、意味のあるストーリーが生まれていく。

このように、子どものなかに獲得されつつある発達の様式が、絵本教材のなかにある「典型的な事実」をつかみ取り、一つの単位をつくる。そして、その単位が、その発達の様式によって次の単位につながっていき、新しい意味と価値をもった大きな単位が子どものなかでつくられていく。

獲得されつつある発達の様式は、同時に個人の生活経験のなかにある感情体験によって修飾され、その単位への関心、興味、思い入れの多様性を創り出す。

教材と子どもを媒介する指導の役割

教材と子どもを媒介し、単位の形成を導くところに教師の指導の大切な役割がある。上記の絵本教材を用いて、指導のあり方をごく一般的に例示してみよう。

『いない いない ばあ』ならば、次のページへの期待を高める読み方の大切さはいうまでもないが、読み聞かせる大人が、「ばぁ」の場面と呼応するように自らの顔を絵本の後ろから登場させると、子どもはその大人との共感的感情に鼓舞されて、次の展開への期待をいっそう高めることになろう。しかも、指導者が子どもとの一対一の関係ではなく、たくさんの子どもたちとも関係を結びながら読み進めてくれることによって、子どもは一つの絵本につながる仲間を認識し、心理的一体感をもつことができる。

『おおきなかぶ』は、読み手が「うんとこしょ どっこいしょ」の掛け声とともに絵本を掲げ、引っ張る動作をしてみせると、まるでその場面のなかに吸い込まれるように子どものからだも動き始める。その動作が、

「大きくなること」のイメージとともに、力がみなぎる喜びを子どもに高めずにはおかない。また、その動きによって、みんながつながっているという認識がつくられていく。だからこそ子どもは、その「みんながつながる」ことを、他の遊びや生活においても、自発的に試みるようになっていく。

　『スイミー』の読み聞かせには、『おおきなかぶ』のような動作をによる演出は、無用であろう。子どもが自らの経験や感情と重ねて、「かなしい」「さびしい」「いっしょにがんばる」ことを共感的に理解することが大切なのであって、その感情が内発的に生まれるような静かな語調や間を大切にして読み聞かせてみる。個々の感情世界を創りながら子どもがストーリーをたどっていることへの共感性が、読む側にも求められる。読後にさまざまな感想が語られるだろうが、スイミーに感情移入して一人ひとりの子どもたちのなかに創られる世界が大切であり、その一つひとつを受け止めたい。つまり、『スイミー』に何を感じるかの多様性は、「違うけれども同じ」という普遍性の認識を獲得していく上で、最大限、尊重されなければならない事実なのである。付言すれば、この意味での普遍性の認識の芽生えは、5、6歳頃の「生後第3の新しい発達の原動力の誕生」において確認されることである。

　これらの指導のもとで子どもが、教育目標を内在させた教材と出会い、自らの発達の様式、発達要求、内的矛盾、発達連関、によって典型的な事実を認識し、自らのものとして取り入れようとしているのが単位であり、その単位が拡大し、あるいはつながり、新しい、さらに大きい単位もつくられていく。

　つまり子どもは、教師の教育目標、教材をそのまま受け止め、取り入れるわけではない。たとえば、『スイミー』は小学校低学年の国語教材として教科書にも採用され、「力を合わせることのたいせつさ」というような「道徳」意識を形成することが教育目標として掲げられる指導案も多い。「道徳」の教育が、すべての教科、領域を貫いて行われるべきことと

する学習指導要領の立場は、『スイミー』も道徳のための教材に引き入れる。しかし、子どもの獲得していく表象や感情は、そのような外的規準の枠に収まるような感じ方や理解で終わるものではない。そのように子どもが大人の想定した枠に収まるのではない事象に対して、私たちは謙虚でありたいし、そこに子どもの発達の深さ、広さが端的に感じられる。

　スイミーはたった一匹の黒い魚である。さびしい思いもするけれど、きれいなものやおもしろいものを見ていると自然に元気が出てくる。そのことによって、今度は自分が勇気のある導き手になって、みんなのなかでがんばれるようになる。一人ひとりの子どもは、集団のなかでの自らの経験とスイミーの感情を重ね、共感し、そうすることで自分と集団への信頼を、自分自身の価値意識として創造的に形成していく。その単位と単位のつくり出す広がりや個別性が尊いといえよう。さらに、教材研究をすすめれば、作者のレオ・レオニはオランダのユダヤ人の家庭の生まれであり、イタリア移住中にファシズムによって追われ、アメリカへの渡航を余儀なくされたこと、50歳を過ぎてイタリアに帰郷し、間もなく書き上げた作品が『スイミー』であることを知り、「たった一匹のくろいさかな」であるスイミーに、作者のこめようとしていた象徴的な意味を理解することができる。それは、けっして「力を合わせることのたいせつさ」というような意味ではない。

　つまり、「たった一匹のくろいさかな」から広がるイメージの世界を大切にしたいのだ。

3　教材研究という回路

感情の過程への視野
　中内敏夫（参考文献⑨）は、「教材としてつくりだされようとしている『典型的な事実』は、一般的なそれではなく、『子どもの感性』をゆさぶ

り、かれらに『論理的に考えさせる』力をもった『典型的な事実』」であるとし、そのような「典型的な事実」を分析し総合する教材つくりの過程においては、子どもの「問題意識」にそって、子どもの生活現実を分析・総合するという「特殊化」の回路が必要になると述べている。

これを、子どもの側から考えてみるならば、子どもがその教材によって問題意識を喚起され、自らの生活のなかで醸成された感性、関心、興味を基礎に、そこに「わかるようになる」「できるようになる」ことの意味や価値を見出していく過程が大切なのである。

そもそも子どもの感性にはたらきかけることから始まる教授過程は、常に子どもの感情の過程を見失わない視野を教師に要求する。ルビンシュテイン（参考文献⑯）は、「その具体的総体性においてとらえられた心理過程は、認識的過程であるばかりではなく、『感動的』情緒的＝意志的過程でもある。それらは、現象についての知識ばかりではなく、それらへの態度をも表現している」と述べている。

「『感動的』」情緒的＝意志的過程の意味については、第3章の70～71ページにおいて述べたが、対象を認識し、それへの活動を開始するのが認識的過程であり、その動機となり、エネルギーとなって活動を鼓舞するのが、他方の意思的過程である。教授過程において理解するならば、「おやなんだろう」という感動や関心を引き起こす感性へのはたらきかけが出発点になる。しかし、子どもがその教育内容を習得するまでには、自らの機能、能力を対象化し、仲間と自分を対比することで、内的矛盾を本質的背景にした葛藤が高まる過程が避けられない。そこに子どもたちを方向づけ、葛藤を克服させ、集団で教材の価値を共有しようとする指導過程が沿うことになる。その過程の帰結として、達成感や価値の共有がなされ、次へとつながる活動の余韻が、集団の共有物としてもたらされる。

感情の過程と生活の歴史

　子どもが教材および教師の指導と向き合い、単位を形成して取り入れていく過程には、上記のような感動、葛藤、達成感、余韻の共有という感情の過程が随伴していることを見逃すことはできない。このような感情の過程があるからこそ、感性、関心、興味、意志の多様性に関わる子ども一人ひとりの生活現実や生活の歴史を問うことは、いよいよ大切になる。

　発達のみではなく、生活年齢やライフステージに関心を払う必要性は、従来から強調されてきた。年齢的蓄積こそが一人ひとりの子どもの生活の事実の蓄積であり、かつライフステージに規定された生理的心理的特徴と社会的関係が、人格形成に与える影響は大きなものがあるからだ。そのように筆者も認識しつつ、しかし、「思春期は〇〇だから」というような生活年齢、ライフステージの一般的な特徴から、一人ひとりの子どもの個別性を理解しようとする認識方法には、一般によって個別を認識するという点で、注意が必要だと感じる。生活年齢、ライフステージの一般的な特徴を視野に入れつつも、まず求められるのは、一人ひとりの子どもがもつ、きわめて個別的な生活現実であり、その歴史なのではないか。そして、それはきわめて重い事実として、子どものなかに潜む。

　一人ひとりの子どもの生活の経済的基盤、家族の労働実態、その上に展開する生活における健康、文化、家族関係、幸福にかかわる感情の機微、地域とのつながり、地域生活の支援や権利保障の実態と過程を、リアリティをもって理解し、そこにある生活問題を、とくに障害という特殊性との関係でとらえていくことは、教育にも求められる認識なのではないか。貧困、虐待、独り親などの家族間問題などへの感応力も必要になる。

　このような個別的な生活現実の背景にも目を向けたい。独占資本が、わが国の雇用政策を牛耳り、そのもとで雇用の不安定化をもたらし、一般労働者の低賃金、貧困の拡大とともに、さらに子どもの貧困を拡大し

ていることへの視野をもちたいと思う。

　さて、生活の歴史への認識をもって教材を創造するとはどういうことか。第3章でも紹介したが、かつて私は、三木裕和（参考文献⑬）の重症児施設の訪問学級での実践「おひさまでポカポカに干した布団で寝るここちよさを伝えたい」を紹介し、その「快」を知らないであろう子どもたちの生活の歴史への想像力こそ、教材に命を吹き込む力になると述べた（参考文献⑥）。重症児施設の子どもたちは、その人生の早い段階から医療機関のベッドを居住の場とし、医療従事者とともに生活している。そう考えたときに教師は、家庭での生活ならばあたりまえに味わうであろう「ポカポカに干した布団」を経験させてやりたいと願う。その子どもの生活の歴史への想像力が、教師を教材づくりへと駆り立てる。そして、快・不快を感じ分け、それを大人とともに味わうことのできる関係形成の力をもって、子どもは「ポカポカに干した布団」という単位をつくり、取り込んでいこうとするであろう。

　このように、生活現実への分析・総合を一つの回路とする教材研究は、子どもの文化の形成史への共感的理解も必要としている。例を挙げるならば、第1章において紹介した黒崎愛子の実践において、「スイカのおやつ」が紹介されている（参考文献③）。

　子どもたちにスイカの大きさと重さ、切った時のバリッという音、においなどを感じさせたいと思い、一人ずつ子どもに持たせてから切りました。「ワァー」「すごーい」「大きい」と歓声が上がり、その場で切り分けて食べました。しかし、お母さんの中には、「こんな食べさせ方してないわ。うちの子、ようたべんかも。だって、食べられる大きさに切ってフォークでつきさしてたべさせているもん」「そうやな、うちの子もそうや」…と。

　おやつを食べながら家庭でのようすをきくことができました。「そうか。ほとんどが小さく切って食べさせてはるんやね。だけど今日みたい

第4章　教材研究に発達の視点を生かす　　99

にガブッて大きく口を開けて食べることも大事だね」とスタッフ。「スイカだけではなく、他の食べ物もいろいろな切り方や食べさせ方をしたら、嫌いなものも食べられるかもしれないね」とお母さん。

　子どもにとっておやつの時間は、おなかを満たすだけではなく、五感をしっかり働かせるとともに、自我を育てる良い機会だと私たちはとらえています。

　さらに例を加えれば、「問題」として扱われる行動であっても、そこにその人の創ってきた文化を読み取ることもできよう。カタツムリを初めて見たときに、自在に動く触角に心を奪われる人もいれば、鈍く光る匍匐跡のヌメリを不快に感じる人もいるだろう。生命の不思議に出会う時期の感動は、きわめて個別的なものだからだ。カタツムリばかりを収集する24歳の自閉症・聴覚障害のＣさんと、カタツムリの貼り絵をつくりながら「心のチャンネル」を合わせようとする村瀬嘉代子（参考文献⑭）の取り組みは、その感動の過程の個別性に沿おうとすることにおいて、学校教育にも示唆を与えてくれるだろう。長い引用をご容赦いただきたい。

　たとえ聞こえなくても何かのチャンネルで自分が表現すればそれに呼応する相手がある。呼応されることは人として本当に快いことで、応えられたことに対してまた自分が表現すれば、そこでやりとりが展開する。そういうきっかけで始まっていくことが、いろいろな不適応症状をもつ人が少しでもよくなることに役立つのではないかと思ったのです。Ｃさんのために大学でカタツムリの張り絵を作って持っていきました。すると、彼はカタツムリを見て、聞こえない人独特の声をあげてニッコリ笑いました。笑うとは思っていなかったのですが、私たちが作ったサンプルよりも上手に、模様の入っている色紙を使ってカタツムリの張り絵を作りました。

彼がこんなことができるとは職員は思っていませんでした。(中略)

　帰るときはいつもうつむき加減で、歩き方もぎこちなく体の協応性が乏しい人でしたが、この日は部屋を出ていくときに自分がカタツムリになったつもりで頭に指で角を立てて、なんと、スキップして出ていったのです。それで職員はみなびっくりしてしまって、「どこでスキップなんて覚えてたんでしょう。あの人がスキップするなんて」といわれました。「この人はどうせこれだけ」というのではなくて、よく観察し考えて、どこかチャンネルを探さなければという機運がこの経験を契機に職員のあいだに少し生じたように思われます。

　また、私の研究室の大学院生であった高橋みず希（2011）が支援にあたっていた自閉症の青年は、ある時期から目にする紙を破るようになったという。高橋が生活史を検討してみると、青年期前半まで、紙と向き合えばひたすらに絵を描き続けるという生活を続けていたという。描くことが自らの要求ではないことに思い至り、それまでのことを一度否定しようとしているのではないかと高橋は分析したのだが、私はそれを妥当な仮説だと考えた。

　生活の歴史の理解とは、子ども自身が願う生活と、そうではない現実の狭間を生きてきた子どもの心理への共感的理解でもある。その理解への過程は、余談に溢れる議論にもなろうが、そのような多様な感じ方、着想を受け入れ合いながら、懐の広さと十分な時間をもって話し合う場が、学校には是非とも必要ではないか。

「懐かしさ」の意味するもの

　かつて筆者は、原田文孝（参考文献⑩）の重症児学級での実践「まどみちおの『空気』」を紹介した（参考文献⑤）。人工呼吸器をつけた幸一くんに、原田らは心のざわつきを抑えながら、この詩を読んで聞かせたという。自らの筋力で営むことのできない呼吸に注意を集中しながら生

きる彼は、この詩に詠われている「ありとあらゆる生き物の胸の中を」入れかわる空気によって人と人が結ばれているという事実を、どのように受け止めたのか。この詩を聞くたびに、彼の眼には涙が流れたという。

原田らは、呼吸の苦しみを知り、呼吸に集中しながら生きる彼だからこそ、「空気」の清々しさ、ともに生きることの幸福を、この詩によって感じ取ってくれると確信したのだろう。

茨木のり子（参考文献②）は、「いい詩には、ひとの心を解き放ってくれる力があります。いい詩はまた、生きとし生けるものへの、いとおしみの感情をやさしく誘い出してもくれます。どこの国でも詩は、その国のことばの花々です」と述べているが、自らの生を祝福し、他者の生への愛情へとつないでくれるところに、詩に限られない、芸術、文学そのものの意味があるように思える。

芸術つまり、音楽、舞踊、美術、文学などが障害児教育の教材として大切さにされることには意味がある。芸術は、その創造者が、自然や生活を題材に、それらを操りつつ、自らの感性、生のエネルギー、欲求に依拠しながら、よりよく自己を表現しようとしたものであろうが、それが人間の生活経験や感情に依拠したものであるがゆえに、困難に負けないで幸福に生きようとする人々の願いをとらえ、そのことへの答えを示唆し、激励してくれるのではないか。つまり芸術は、個人の表象と感情世界を題材にして、自己の内面からの要求を表現したものであり、その芸術を受け止める側の表象や感情と重なったときに連帯感を生み、「生きる」エネルギーとなって伝播していく。

さて、子どものある発達期において意味をもった教材は、その発達期において意味をもったということでは特殊化されているのであって、後の発達期においては意味や価値を失うのだろうか。筆者は、絵本や歌などが、後の年齢になって「懐かしさ」という感情をともなって、再び子どもの心をひきつける事実に注目したい。

『いないいないばあ』は、乳児期から幼児期への移行期の発達段階の

子どもの絵本であって、学齢期の生活年齢の子どもの教材として選択するのは適切ではないという指摘がある。筆者は、この指摘にいったんは首肯するが、先述の通り、生活年齢やライフステージなどの抽象化され、外在化された要因によって、子どもの内面や発達要求を理解することは、形式的すぎると感じている。

『大好きだよ キヨちゃん。』
(藤本幸之助、クリエイツかもがわ)

　学齢期になって、『いないいないばあ』の絵本を懐かしそうに手に取った子どもに対して、「幼すぎるから」とその選択を肯定しないでよいのか。その「懐かしそうな」表情のなかにくみ取るべきものはないのか。あるいは、その「懐かしさ」を題材にして、教材化すべきことはないのか。
　あるいは、『スイミー』を幼児期、学童期に読み、大学生になっても懐かしく開くものは多い。再び読んで彼らが気づくのは、「たったいっぴきのくろいさかな」のスイミーが、ひとりぼっちになってしまって「こわかった、さみしかった、とても かなしかった」けれどもうみでおもしろいものをみるたびに、「だんだん げんきを とりもどした」という、その心の記憶が鮮明に残っていることである。
　『大好きだよ キヨちゃん。』（藤本幸之助、クリエイツかもがわ）は、9、10歳頃の学童期の後半の発達の階層への移行期にある子どもの心をひきつける絵本である。認知症になった祖母の「キヨちゃん」は、コンビニで無断で商品を食べる。自動車の窓からゴミを放る。だから孫の「こうちゃん」は「キヨちゃん」のことが「大嫌い」になる。しかし、「キヨちゃん」の元気な頃の日記を読んでしまった「こうちゃん」は、「大嫌い」と孫にののしられながら、「こうちゃんは とってもやさしい子、大好きだよ こうちゃん」と書いてあるのを見つける。そして、物忘れが激しくなった頃、何度も家族の名前を忘れないように鏡の前で練習してい

た「キヨちゃん」を思い出し「涙がでる」。そのとき「こうちゃん」の口をついて出た言葉が、「大好きだよ キヨちゃん」である。学童期中頃の発達段階の子どもたちが、衰え始め、粗相の多くなった祖父母に嫌悪感を抱くことはよくある。その頃の子どもたちは、この絵本のなかで孫を深く愛していた「キヨちゃん」の心に触れたときに、自分を同じように深く愛してくれた祖父母との思い出を蘇らせる。自分を愛してくれた「キヨちゃん」の心に気づき、そのことが「こうちゃん」の心を突き動かしたように、愛情とは何かを、言葉（概念）にはならない実感によって理解するようになる。この心の事実は、「愛されるということは、愛すること」を、視点の変換という発達的力量により実感し始めた子どもたちに、一つの単位をつくることになる。後の人生においてこの本に出会うたびに、懐かしく読みなおすことになろう。そこでは、愛情とは何かを言語化することができ始めた青年が存在している。

　ここでいう「懐かしさ」とはなにか。子どもが、その文化との最初の出会いにおいて認識した対象の事実（表象）とともに、琴線に触れ、そのときに感じた感情を深く心にとどめおき、後の人生での出会いにおいて再生された感情のことである。「懐かしさ」の感情には、過去と現在をつなぎ、かつ未来へと歩み出していく感情的エネルギーが潜んでいるのではないか。このように、ある発達段階において「誰に対しても」価値をもつ教材は、その発達段階に限らず、時間を越えて普遍的な価値をもつこともあり得るのではないか。

普遍性ある単位の認識と個別性の認識の統合
　子どものきわめて個別的な生活の歴史に思いをいたすことで、芸術に題材を求める教材研究の大切さが見えてくることを述べた。この視点は、子どもが自らの発達の様式、発達要求、内的矛盾、発達連関によりながら、食べられるレベルと大きさの単位をつくっていくという視点と、どのようにつながるのか。

子どもが教材のなかで、自らの発達可能性によってつくり出す典型としての単位は、多様性のある外皮をもちつつ、根本において、同じ発達の様式の子どもたちには、共通して見出せる普遍性をもっている。その普遍性を認識することによって、その普遍性だけでは語れない個別性と多様性をとらえることができる。つまり普遍性への認識をあいまいにしてしまうと、何がその子らしい生活史、感性、人格なのかという個別性の内実をリアルに理解することがむずかしくなる。個別性に溺れず、普遍性にのみ拘泥せず、それぞれの区別と連関をとらえていく認識方法を、実践において確立させていきたい。

4　教育目的・教育目標への問い

　2009年3月に告示された「特別支援学校学習指導要領」は、教育制度そのものの転換期にしてはおだやかな改変だとされる。しかし、「自立活動」に「人間関係の形成」が加わり、「ICF（国際生活機能分類）の考え方を踏まえる」ことが強調されている事項に限っても、検討が必要な問題がある。「障害による学習上又は生活上の困難を克服するための教育」（学校教育法第75条第1項）という教育目標が、特殊教育下の「欠陥を補う」に取って代わったが、困難と向き合い克服していく主体はだれなのかという教育論上重要な基点については、あいかわらず議論されていない。

　『特別支援学校学習指導要領解説 自立活動編』（以下、『解説』）では、たとえば「人間関係の形成」におけるさまざまな困難を「障害の特性」とともに例示し解説しているが、そこで期待される指導とは、「人間関係の形成」のための技能を、「繰り返し」「徐々に」「体験的に」「定着させる」などの方法をもって学習させることである。

　また『解説』は「ICFの考え方」を、「自立活動」の指導においては従

来から考慮されてきたことだとする。つまり「自立活動」の内容は「人間としての基本的な行動を遂行するために必要な要素」と「障害による学習上又は生活上の困難を改善・克服するための要素」を含むものであり、これが「ICFの考え方」と合致しているという。しかし、ここでも『解説』の記述は、「障害による」困難のみならず、「基本的な行動を遂行する」ための子どもの課題把握に収斂している。ICIDH（国際障害分類）からICFが質的に発展させた基本理念は、障害というマイナス面からのみ理解するのではなく、人間として生きることの普遍性をプラスの面も含めてトータルにとらえようとする点にあるが、学習指導要領における「ICFの考え方」は、その本来の理念を歪曲している。

　つまり今回の改訂は、生きること発達することの主体であるべき子どもを一方向的に客体化して、学習指導要領の教育方法を徹底しようとしている点で、おだやかとはいえないものになっている。この学習指導要領において、当然ながら「発達の状況」あるいは「障害の特性」とは、子どもを客体化し外在的尺度でのみ表現されるものなのである。

　このような状況に対して、われわれはどのような意志をもって議論を進めていくべきだろう。その議論が、多くの教師や保護者に対して説得力をもつのは、「どんな子どもに育つ、あるいは育てることが、子ども自身の人生において幸福を広げることになるのか」を、問いかけようとしているときではないか。

　唐突な引用だが、糸賀一雄（参考文献①）は、「障害をもった子どもたちは、その障害と戦い、障害を克服していく努力のなかに、その人格がゆたかに伸びていく。貧しい狭い人格でなく、豊かなあたたかい人間に育てたい。三歳の精神発達でとまっているようにみえるひとも、その三歳の精神発達の中身が無限に豊かに充実していく生き方があると思う。生涯かかっても、その三歳を充実させていく値打ちが十分にあると思う。そういうことが可能になるような制度や体制や技術をととのえなければならない」と述べた。ここで語られる、狭く貧しい人格ではなく、あた

たかい人間性をもった豊かな人格に「育てたい」というような言葉にさえ、教育の場では白けた雰囲気が漂うと聞く。しかし、何のために学び、何のために教育するのか、どんな人間になりたいのか、どんな子どもに育ってほしいのか、という問い、つまり教育目的と教育目標への問いなくして、教育目標や教材につながる教育内容の議論は成り立たないのではないか。

このような教育目的、教育目標への問いかけが失われると、教育活動が場当たり的、近視眼的になり、その結果、大人は子どもの未来への想像力を減退させることになる。そのことに抗する教育と教育研究が、私たちの課題となっているのである。

参考文献

①糸賀一雄（1968）福祉の思想．NHK 出版．

②茨木のり子（1979）詩のこころを読む．岩波ジュニア新書．

③黒崎愛子（2003）親子教室——大阪府羽曳野市．近藤直子・白石正久編，障害乳幼児の地域療育，全障研出版部，29～45 ページ．

④白石正久（1994）発達障害論 第 1 巻．かもがわ出版．

⑤白石正久（2006）発達をはぐくむ目と心．全障研出版部．

⑥白石正久（2009）発達障害と発達診断．白石正久・白石恵理子編，教育と保育のための発達診断，全障研出版部，242～268 ページ．

⑦高橋みず希（2011）成人期自閉症者の「行動障害」に対する理解と支援．2010 年度龍谷大学社会学部卒業研究．

⑧田中昌人（1980）人間発達の科学．青木書店．

⑨中内敏夫（1990）新版 教材と教具の理論．あゆみ出版．

⑩原田文孝（1997）共に夢をつくる——生活の主体者になる．三木裕和・原田文孝・河南勝・白石正久編，重症児の心に迫る授業づくり——生活の主体者として育てる．かもがわ出版，117～244 ページ．

⑪ブルシュリーンスキー（中村和夫・訳）（1986）ヴィゴーツキーとルビンシュ

テーン——思考の文化 – 歴史的理論批判．ひとなる書房．
⑫まどみちお（1979）まどみちお詩集　宇宙の歌．かど創房．
⑬三木裕和（1997）重症心身障害児の心を理解する——その子の気持ちになる．三木裕和・原田文孝・河南勝・白石正久編，重症児の心に迫る授業づくり——生活の主体者として育てる．かもがわ出版，9～116ページ．
⑭村瀬嘉代子（2004）小さな贈り物．創元社．
⑮文部科学省編（2009）特別支援学校学習指導要領解説 自立活動編．海文堂出版．
⑯ルビンシュテイン（寺沢恒信訳）（1961）存在と意識 下巻．青木書店．

発達と指導をつむぐ

第5章

発達の過程と指導の視点

発達は、たんに「できないことができるようになる」という機能・能力の現象的な変化のことではない。それらの成長の事実を成り立たせている、長い時間のなかで起こる法則的な変化のことをいう。経験し、学習によって身につけた能力や技能が、即、発達的変化になるのではない。その成長の事実が発達の法則的変化を引き起こしたときに、学習は発達に変化を及ぼしたとみることができる。発達的変化が起こることによって、子どものさまざまな学習や経験の志向性や内容も、質的に変化していくはずである。

　田中昌人らの「可逆操作の高次化における階層－段階理論」では、生後7か月頃、1歳半頃、9歳頃に、乳幼児期と学童期における質的転換期が仮説されている。質的転換とは、漸進的な量の変化ではなく、飛躍的な質の変化のことである（**発達段階の説明図**）。

　この理論によるならば、発達の質的転換期と次の発達の質的転換期との間には、「階層」といわれる大きな発達段階が存在している。そして一つの階層のなかに、飛躍のときも含めて三つの「段階」が見出されている。この三つの発達段階が高次の「階層」においても同じように見出されるとするところに、この理論の重要なポイントがある。つまり発達は「三つ」の発達段階を形成しながら、まるで螺旋階段を上るように、高い階層に移行していく。以下では主に、乳幼児期に相当する発達段階について、具体的に説明していく。

　乳児期前半の「回転可逆操作の階層」の第1段階（生後1か月頃）は、まだ手も足も、躯幹の動きからは自由になっておらず、からだは一まとまりに動く段階である。顔を向けた方の手足は伸展し、反対側は屈曲するという非対称性緊張性頸反射（ATNR）が見られる。第2段階（3か月頃）になると、手や足が躯幹から自由になり、手と手、足と足を触れ合わせたりする活動ができるようになる。また、左右上下への往復追視も可能になる。第3段階（5か月頃）になると、さらに手からは指が分離し、おもちゃをつかもうとしたり、手で足を持って遊ぼうとするよう

```
                                    ┌─ 9歳
                              5〜6歳 ↓
                                  ┌─┘
                           ┌──────┘
                           │ 7歳
                    2〜3歳 ↓
                        ┌─┘              幼児期・学童期前半
                 ┌──────┘                （次元可逆操作の階層）
                 │ 4歳
          10か月 ↓
              ┌─┘
       ┌──────┘
       │ 1歳半
  8か月 ↓
      ┌─┘                    乳児期後半（連結可逆操作の階層）
      │ 11か月
  ┌───┘
  │ 9か月
4か月 ↓
   ┌─┘
   │ 7か月                    乳児期前半（回転可逆操作の階層）
2か月↓
  ┌┘
  │5か月                         ＊月齢や年齢は目安である
 ┌┘
 │3か月
1か月
```

発達段階の説明図

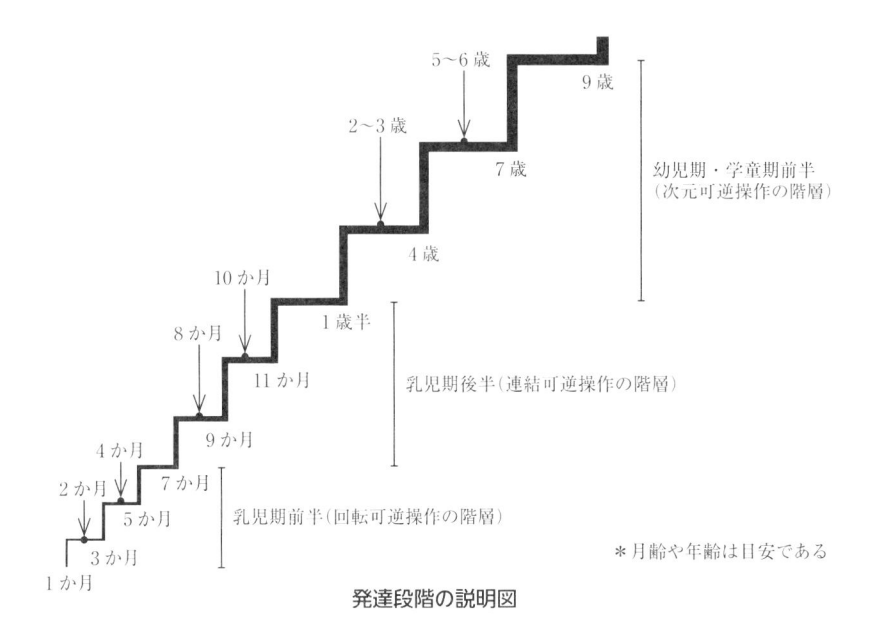

な活動ができるようになる。つまり乳児期前半は、からだから活動の軸が一つずつ分離して自由になっていく段階である。

　生後7か月頃からの「連結可逆操作の階層」の第1段階において、子どもは外界と一つの結び目を結ぶことができる。たとえば、一つのモノを把握することができるが、他方の手でもう一つを把握しようとすると、最初に確保していたものは手から放れてしまう。第2段階（9か月頃）は、二つの結び目を結ぶことができるので、両手にモノを把握することができる。また、容れ物と中身を区別してとらえ、中身だけを取り出すことができる。第3段階（11か月頃）は、三つの結び目を結ぶことができるので、両手にモノを把握した上で、それを容れ物に入れることができるというような三つの結び目をつくろうとする。この「結び目」は、手の把握のことだけではない。たとえば、容れ物と中身という二つの単位に区分して認知することは、「二つの結び目」を結ぶことである。

　1歳半頃の「次元可逆操作の階層」の第1段階において、子どもは二

つのことを活動や意識において並列させて、「○○ではない□□だ」というように可逆的に操作できるようになる。第2段階（4歳頃）では、二つのことを並列させて区別したうえで、さらに「大 − 小」「軽 − 重」などの関係においてとらえて対比的に操作できるようになる。また、左右の手の活動が分化と協応をたしかにし、左手で紙の向きを調整しながら、右手のハサミで曲線切りするというような「○○しながら□□する」という二つの操作の結合がみられる。第3段階（7歳頃）では、対比的操作ばかりではなく、「大中小」というような中間項が認識され、三つの単位で系列的に操作できるようになる。

さらに大切なこととして、どの「階層」においても第2段階から第3段階への移行期において、次の「階層」に飛躍するための「新しい発達の原動力」が発生するとされている。

この理論については、田中昌人・田中杉恵の『子どもの発達と診断』（参考文献⑦）を参照されたい。

以下で、発達と教育・療育における指導の相互の関わりを、発達過程にそって検討していく。

1　乳児期前半の発達の階層と指導の視点

快・不快の情動分化と心地よい存在としての他者への志向性

乳児期の前半の発達の階層とは、発達の障害がない場合には、生後7か月頃までをいう。「可逆操作の高次化における階層 − 段階理論」では、「回転可逆操作の階層」と称されている。この発達段階は、各種の反射によって自由度を制約されていた手足や頸の運動、さらにそこから手指、足指が順次に分離し、活動の自由を獲得していく三つの段階が内包されている。

この三つの段階では、運動発達と、視覚、聴覚をはじめとする感覚、

他者とのコミュニケーションなどが連関して発達していく。

具体的には、第1段階である生後1か月頃の「回転軸1可逆操作期」では、仰臥位においては、非対称性緊張性頸反射（ATNR）などに制約されて、手足は躯幹と連動した動きをとる。その制約された状況のもとで、対象を追視したり音源を探索することは、まだ難しい。伏臥位でも、手足で躯幹を支えることはできない。

しかし、このように自由を制約された段階においても、わずかな時間ならば母親をはじめとする他者を注視し続けることがみられる。とくに生後2か月に近づくほどに、この対象をとらえようとする志向性はたしかさを増していく。その注視に応えるように大人が名前を呼び、語りかけたり歌いかけると、この注視は断続的に続き、口を動かしながら子どもの側からあたかも語りかけるような姿になる。大人がそれを喜びをもって受け止め、語りかけると、注視はたしかさを増してくる。人生で最初のコミュニケーションが生じているようにみえる。このとき、視線は途切れても再び大人の顔をとらえようとするような往復運動をするようになる。この途切れても「つながる」という兆候が、発達の原動力が具現されている姿とみられる（**写真1**）。

そこでは、この関係が子どもにとっても大人にとっても心地よいものとして感じ取られている。しかし、大人の側が一方的に語りかけるような関係では、子どもは顔をしかめるような表情になっていく。つまり子どもは、あやしてもらうことがうれしいのではなく、自らの表現を大人に受け止めてもらうコミュニケーションの相互性を心地よく感じ始めているようだ。そのような情動になっているときには、非対称性緊張性頸反射に制約された姿勢であっても、頸を動かし、自ら大人の顔を探索しようとするような能動的な動きがみられることもある（**写真2**）。このような相互性は、大人が子どもの情動の変化をまるでわがことのように受け止められることによってたしかになっていく。

この生後2か月頃は、他者との関係で生じた快の情動に誘発されて、

第5章　発達の過程と指導の視点　113

写真 1

生後 1 か月半の乳児。正面にある顔を見つけ、しばらく注視するが、視線はカメラに転じる。再び正面の顔に戻り、注視しながら手足を動かし、口も語りかけてくるように動かす。

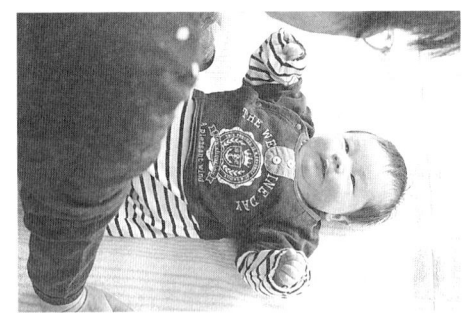

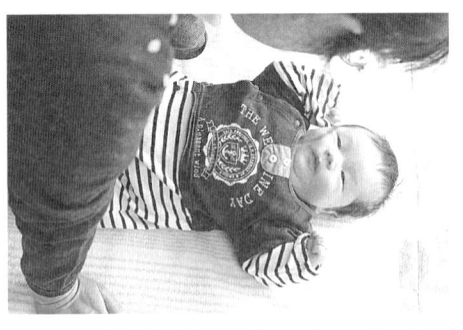

写真 2

生後 1 か月半の乳児。右向きであり、そちらの手足が伸展し、非対称性緊張性頸反射（ATNR）が現れている。カメラの存在に気づき、正面に向き直り、一瞬とらえた後で左側にいる人の存在に気づき、左向きに転じる。その後、再び右向きに向き直る。ATNRを出現させつつ、対象をとらえて随意的に頸を動かそうとする。

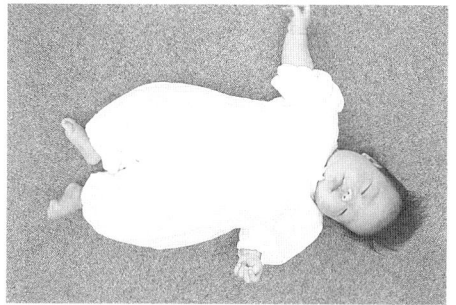

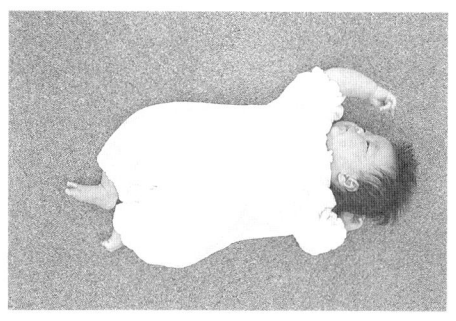

頸や手足の随意的運動が躯幹から分離を始める時期とみられる。

　また、生後2か月頃は、視覚では赤と緑、聴覚では1オクターブの違い、味覚では甘いと辛いと酸っぱい、そして平衡感覚では異なった平面でのゆれを感じ分けられるようになる。子どもたちはきっと緑よりも赤に注目し、小さい鈴の音を聴き、甘い味覚を好み、そして特別の人の抱っこを喜ぶだろう。そのような、外界への志向性の高まりによって、追視においては、右にも左にも対象を追跡するようになり、途中で見失うことになっても、再び対象を捕捉することができるようになってくる。

　そのころには、非対称性緊張性頸反射（ATNR）も減衰し、躯幹から手足や頸の動きが解放され、自由度を増すようになって、生後3か月頃の「回転軸2可逆操作期」に到達することになる。躯幹から自由になった手足は、その掌で触れる感覚を学習することを通じて、手と手、足と足を合わせて遊び、目の前の対象に手を近づけてくるようになる。そのころから対象を捕捉しようとするような手指の自発的な開閉がみられるようになる。伏臥位になると、肘で支えて頸を挙げる肘支位をとり、その手指の先で床を掻くようなことを始める。この掌と指による積極的な外界探索や自己感覚の確認は、外界への志向性の高さを表現していると推察される。したがって、生後3か月頃に子どもが好んで行う、手と手を触れ合わす動作（hand hand coordination）は、重要な発達指標とみられる。左右上下への追視は可能になっていても、この手と手を触れあわす動作を行わない場合には、その後の発達において、外界への志向性が高まりにくいケースがある。

生後4か月頃の主客を転倒させる「生後第1の新しい発達の原動力」の生成——「人識り初めし微笑」など

　生後4か月頃になると、このような手の自発的能動的な活動とともに、対人関係においても相手を注視し、それが誰であるかを弁別しようとするような視線になる。他者が自分の知っている存在であるかどうかを確

認した上で、泣き出しそうな表情になる子どもも多い。弁別による不安感情の芽生えであり、人見知りの「はしり」ともいえる。また、知っている相手には自ら微笑みかけて、あたかも相手を自分の世界に誘い込もうとするようになる。これを田中昌人らは、「人識り初めし微笑」と命名した。それは、子どもの側から能動的に相手をコミュニケーション関係に誘いこもうとするものであり、主体化、換言すれば他者を客体化し、主体へ転じようとする主客の転倒がみられるのである。

　この主体化は、対人関係のみならず、自ら離乳食のスプーンや哺乳瓶に触れようとして手を差しのべてくる活動、体位を変換しようとする寝返りや伏臥位への挑戦などにおいて、顕著にみられる。これらの活動に潜む主体化の志向性は、乳児期後半の発達の階層への飛躍を主導する原動力の生成を必然とし、「可逆操作の高次化における階層-段階理論」では、「生後第１の新しい発達の原動力」と説明されている。

　生後５か月頃の「回転軸３可逆操作期」では、手指が足をとらえ、いっそう自由度のある身体運動を行うようになる。また、見つけたものを追視するだけではなく、把握しようとする手の到達活動が活発になる。このような目と手の協応が可能になり始めることによって、さまざまな対象への意欲は高まることになる。

「生後第１の新しい発達の原動力」の生成の障害

　重度の痙直性四肢まひなどのために、仰臥位が非対称姿勢を余儀なくされていても、母親の声のする方を目で探ったり、ガラガラなどへ自ら手を伸ばそうとする能動性がみられる場合には、対称位への発達的変化が徐々に観察されるようになる。その過程において、鏡の自分の像に微笑みかけたり、「イナイ・イナイ・バー」に笑顔で応えるような、感情の分化と情動の高まりもみられるようになる。ここには、音のする方を目で探索する、目の前のモノに手を伸ばすという聴覚と視覚の協応、視覚と手の協応が成立し始めている。

たとえば、点頭てんかん（ウエスト症候群）発症直後は、ヒプスアリスミアという不規則な脳波や発作のシリーズ形成（重積的な発作が連続して生起すること）とともに、不機嫌さや過緊張などが出現する。その不快さゆえに、快の刺激を求めようとする情動は減退してしまう。しかしACTH療法（副腎皮質刺激ホルモンの静注による治療）などが奏功して、脳波の改善、発作の減少などの顕著な効果がみられるならば、母親の声のする方を姿勢変化によってとらえようとする能動性が高まり、その能動性が、おもちゃを視覚と聴覚、そして視覚と手の協応によってとらえようとする活動エネルギーになっていく。

　この初期の発達過程においては、治療とともに指導の適切性が問われている。ウエスト症候群の子どもの場合には、音源を視覚的にとらえようとするような協応が生起しにくいことがある。そのような場合、往々にして教育は、聴覚ばかりにはたらきかけることで、子どもの笑顔などの情動反応を期待することに陥りやすい。そうすると子どもは、視覚で対象をとらえようとする能動性をしだいに減退させていく。仮に子どもが笑顔で反応したとしても、それは自ら相手に微笑みかけるような主客の転倒による笑顔ではないことも多い。

　このように障害の重い子どもでは、視覚が制約されることが多いが、端緒的ではあっても「見ようとする」能動性がみられないだろうか。たとえば、聴覚反応の優位な段階でも、子どもが「快」として感じる声や音を聞かせてゆっくり待つと、眼球が動き、対象を見つけようとする反応がみられるようになる。そのような能動性の高まりがみられたならば、子どもの視野の中心に音源を移動させてみるとよい。そこに、「見つけた」というような子どもの表情の変化がみられるようになっていく。

　このような聴覚への視覚の協応が確認されたら、声や音を発する前に、子どもが眼前の対象を見つけられるかを確かめる。目で確かめようとする力があるのに、いきなり聴覚刺激を与えるようなはたらきかけを行うと、見ようとする力が発動されなくなり、音に対して反射的に笑顔で応

えるような反応になってしまう。

　つまり、視覚を協応させて対象を確かめようとするような子どもの活動には、対象を捕捉しようとする能動性が関与しているのである。さらに、その「見ようとする」反応は眼球や頸などの随意運動をともなうゆえに、その運動を通して子どもの能動性はいっそうたしかになっていく。

2　乳児期後半の発達の階層と指導の視点

「一つ」から「もう一つ」への志向性

　生後4か月頃から、目の前の二つの対象に対して、一方のみならず他方もとらえることができ始める（写真3）。このような「対」の対象の認知が、人見知りの「はしり」の要因となる対人的な弁別を可能にする（写真4）。生後7か月頃になると、この「対」の認知はいっそうたしかさを増し、何度も見比べるようになる。田中昌人らは、これらを「可逆対追視」と称した。

　子どもの正面で二つの積木を軽く打ち合わせ、左右にゆっくり開くと、子どもは、たとえば右を見つけ、そして左に視線を移すような追視をするようになる。この見比べは、より興味をひきつけられる対象に手を出すという選択にもつながる。選択には弁別という認知的力量と、より一方への意欲が高まるという情意的力量が含まれている。そのことを尊重する教育的働きかけとは、言うまでもなく単一の対象ではなく、自ら弁別し、選択したくなるような対象の提示の仕方である。

　このとき、「一つ」を把握するだけではなく、「もう一つ」も他方の手で把握しようとするだろう。しかし、それを把握した瞬間、最初に手にしていたモノは手から放れてしまう。それに気づいて、再度把握しようとすると、他方の手にあったモノが落ちてしまう。子どもはイライラしながらも、「一つ」では満足せず、「もう一つ」も自分のものにしようす

写真3

生後7か月の乳児。瓶と小鈴を並べて提示する。
　①まず鈴を注視し、指を立てて左手で接近しようとする。
　②そうしている間に、右にある瓶に視線が転じる。
　③そして、気づいたように正面の人の顔を見る。
　④鈴に目を向けつつ、左手は瓶に向かっている。
　⑤⑥そのまま瓶をつかむが、視線は再び鈴をとらえる。

写真4

生後8か月の乳児。初対面の人に手をさしのべられると、その手の意味するところを探るように見つめる。そして、母の胸に顔をうずめ、あたかも背中で語ろうとするように身をすくめる。その体勢で相手をうかがい、心の態勢を整えて、再び初対面の人を見つめ、安心したように笑顔を向けてくる。怖いけれども興味があるという心の動きがある。この矛盾する心を支えてくれるのが、何より安心できる人の存在である。

るだろう。このような生後7か月頃の外界との接点を一つ結べるようになる段階を、「連結可逆操作の階層」における第1段階、「示性数1可逆操作期」という。この段階は、外界との接点が一つであることを基本的な特徴とするが、すでに「もう一つ」の接点への志向性が芽生えていることを、より本質的な特徴とする。

　この「一つ」ではない「もう一つ」も確保しようとする意欲は、外界への志向性の高さを表わしている。このエネルギーによって、「一つではないもう一つ」も欲するような探索が拡大し、子どもの経験世界は広がっていく。そして、対象を左右の手で持ち替えながら、どちらの手でもさまざまに遊べるようになっていく。そのような「もう一つがほしい、でもむずかしい」というような内的矛盾の克服過程での葛藤を感じながら、子どもはやがて両手にそれぞれのモノを持って遊べるようになっていく。これが生後9か月頃の「示性数2可逆操作期」である。そのときには、対の世界の一方に他者を位置づけ、活動の対象や活動そのものを他者と共感・共有できるようになる。したがって、他者が指さしで指示したものを、その方向に意味あるものが存在することがわかって、探索して発見できるようになっていく。

乳児期後半の発達の階層への移行における障害
　この発達段階において、非定型欠神発作（意識を消失し動きがとまるてんかん発作で、始まりと終わりがはっきりせず、比較的長く続くもの）が頻回に起こるような難治性てんかんをもつ子どもの場合、このようなてんかん症状の増悪と関連して、見比べが弱くなることがある。「一つ」にのみ視線を向け、「もう一つ」の対象に視線を向けなくなる。外界との接点が一つに限られると、片方の手だけでおもちゃの電話機のダイヤルを回し続けるような行動が続くようになり、そうしている間は大人と視線を交わすことがなくなってくる。つまり、見比べが減少しただけではなく、活動の対象、対人関係、遊び方が限られるようになる。

筋緊張が低く、座位が不安定である場合も、このような外界との接点が一つに限られてしまうことがみられる。体軸のバランスの調整がたしかであることによって、視覚と手の協応を用いての活動は安定するが、不安定さが顕著な場合、外界への志向性、とりわけ「可逆対追視」に代表されるような外界の認知や意欲は、制限されることになる。座位保持椅子の使用のように姿勢を安定させることへの援助が求められるケースも多い。また、外界との間に「対」の接点を結びにくい状況は、自閉症の子どもの発達障害の典型といえる（参考文献④）。そのことによって事象や活動を相手と共有・共感する関係の発達も制限され、他者の持っているモノや活動に対して、志向性を高めていくこともみられにくくなる。

　そういった子どもに対して、一つの対象だけで遊んでいる姿を「こだわり」ととらえて、それを抑制するような対応がなされたりする。その結果、抑制を行う他者に対して、子どもはいっそう拒否的な感情をもつことになる。一つの接点しか結べないとみるのではなく、その接点を結ぶことができるようになっているとはみられないか。心地よく、意欲をもって、その接点での活動を行っていることもある。子どもにとってのその接点の大切さを想い、その上で、もう一つの接点も結びたくなるような対象を用意すべきだろう。子どもは、「一つ」と「もう一つ」の魅力的な世界との間で揺れ動きながら、一つではない外界との接点を開いていくことができよう。

生後10か月頃の主客を転倒させる「生後第2の新しい発達の原動力」の生成——定位的活動の芽生えなど

　「対の世界」が獲得される生後7、8か月頃、子どもに鏡を見せながら、それを裏返してみよう。鏡像が消失しても、子どもはそこに像があったという事実を見失うことはない。子どもは、見えなくなった像を自分の手で探し出そうとするだろう。鏡の上部や側面に両手をかけて引っ張れば、鏡像はもう一度現れる。子どもは、こういったことを何度

も経験しながら、「こうすればこうなる」という因果関係の認識を獲得し始める。それは、目的と手段が分化していくことでもある。

　鏡の表裏だけではなく、いろいろな場面で見えなくなったものがそこにあり続けることを知るようになる。カーテンの後ろに隠れた母親が、「ばぁ」と言って再登場してくれることを期待する「いないいないばぁ」遊びが楽しくなり始めている。こういった心理は、大人との関係において、楽しい遊びを「もう一回してほしい」という要求表現を生んでいく。「もう一つ」への志向性は、「もう一回」への要求と同根の発達である。

　この頃、子どもは、中身の入った容れ物を飽きることなく引っくり返す。外界との接点が一つである「示性数１可逆操作期」においては、容れ物も中身も、一まとまりにしか見えないが、引っくり返すいたずらを繰り返すなかで、容れ物から飛び出す中身を発見し、容れ物と中身を「対」の関係として区別して認識できるようになっていく。

　そして生後９か月頃の「示性数２可逆操作期」に至って、引っくり返すばかりではなく、容れ物から中身を手で取り出せるようになる。同じ頃、両手同時にモノを持てるようになるので、容れ物とそこから飛び出した中身をそれぞれの手で持ってみたりする。そして両手のモノを見比べつつ合わせてみようとする（**写真**5）。大人はそれを意味づけ、「じょうずにチョチチョチできたねえ」と受け止めようとする。子どもは両手のモノを「合わせる」ことで大人が喜ぶことを経験し、大人の喜びを期待して「チョチチョチ」をしてみせようとするだろう。大人が客体になることによって、子どもが主体として遊ぼうとしているのである。

　出すばかりだった活動から、出してから容れ物と中身を「合わせる」という新しい活動が生まれると、手に持ったモノを相手の手に「合わせる」こともするようになる。それは、「入れる」「渡す」などという意味をもった活動の芽生えである。子どもは、そんな意味を最初からわかっているわけではなく、「ナイナイしてくれてありがとう」「ドーゾしてくれてありがとう」という大人の受け止めと意味づけによって、大人に

写真 5

　生後 10 か月児。両手に積木を持つことができるようになっているので「チョチチョチ」をいっしょにしてみる。

　はじめての人に対して、主客を転倒させていくときには、このように心理的支えと自らのなかでのエネルギーの醸成過程が必要である。

① 「チョチチョチ」のお手本を見せられて、その意味するところを探るように見入る。

② 「わたしはどうしたらよいでしょう？」と問いかけるように、母親の反応をうかがう。

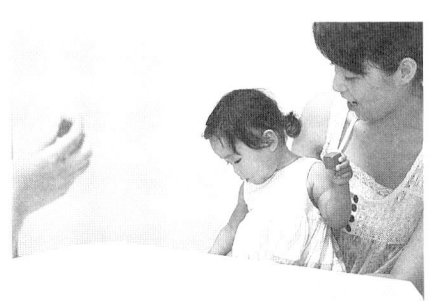

③ 左手の積木を、わざと机の下に落としてみる。

④ 落とした積木を拾ってもらい、態勢を整えて、自ら「チョチチョチ」をして見せる。

第5章　発達の過程と指導の視点　125

とってうれしいことだとわかり、「合わせる」活動に意味を認識できるようになっていく。このような「合わせる」操作を「可逆操作の高次化における階層-段階理論」では、定位的活動と称している。

このように生後10か月頃の発達段階は、生後4か月頃と同様に、主体と客体の関係がひっくり返っていくときであり、この「主客の転倒」が、子どもを新しいコミュニケーション手段を操る主体として、さらに発達させていく。この頃は、1歳中頃の幼児期の発達の階層への飛躍のための「生後第2の新しい発達の原動力」の生成期とされている。

「生後第2の新しい発達の原動力」の生成の障害

自閉症の子どもは、自分からモノをさし出したり、活動をしてみせたりすることが少ないと言われる。あるいは、前言語的コミュニケーションの一つとされる、相手に発見の喜びを伝えようとする「指さし」も、あまりしないという。「指さし」も、自分から相手に指し示すことと解釈すれば、「さし出し」などと同じに、主客を転倒させるという意味をもっている。

自閉症の子どものこのような特徴をとらえて、代替のコミュニケーション手段としてカードなどをさし出すことで、障害の制限を克服させようとする方法も考案される。そのことが子どもにとって意味があるならば問題にする必要はないのだが、カードから選択し、相手に伝えることが「繰り返し」の練習によって強要されている場面を目にすることが多い。そこでは、子どものなかにある重要な事実が見落とされている場合がある。

たしかに自閉症の子どもが、相互的な関係においてコミュニケーションの主体になっていこうとする姿は確認されにくいかもしれない。しかし、まったくないのだろうか。このような大切な行動がみられにくい場合、「コミュニケーション手段が乏しい」などと表現されることが多い。しかし、「量は少なくとも」子どもは、何かを、子どもなりに工夫した方

法で一生懸命に表現しようとはしていないか。つまり、「乏しい」という言葉に代表される評価は、子どもの行動の量的な側面のみを観察しており、そこにある質的側面を見落としているのである。

　そして「乏しい」という見方は、だから「繰り返し」学習して「定着」させるという方法に帰結することが多い。そのことによって子どもは、活動の主体としての意味が見出せないのに、「繰り返し」行わなければならないという状況におかれることになってしまう。

　周囲からみれば「乏しい」かもしれないが、自閉症の人たちも障害とたたかいつつ、自分なりの方法で思いを表現しようとはしていないだろうか。

　Hくんは、作業所に通う自閉症の青年である。10分おきにトイレに行くことを要求する「頻尿」になった。辛いことがあるのか、いつも眉間に皺を寄せていた。段ボールを折り、束ねて納品する作業の工程のなかにいたが、居心地の悪さが伝わってきた。ケースカンファレンスのなかで、労働の場が彼にとって雑然として落ち着かない空間になっていること、労働の内容も段ボールの折り作業のみの単調で受身な内容になっていることを改善していくことが議論された。折った段ボールが一定量になったときに、紐で結束する仲間のところまで運んでいくことを、新たな作業内容として加えてみた。結束担当の女性に段ボールを渡して帰ってくる作業において、彼はとくに表情に変化を見せてはいなかったが、しばらく見ていると、「ありがとう」という言葉が女性からかけられているときに、微かにうなずき、顔が微笑んでいるようであった。Hくんの笑みは小さな表現であったが、そこに彼の他者とつながりたいという要求が込められているようであった。

　運んで行って渡すだけのことであるが、「ありがとう」の言葉は確実に彼の心に届いているようだった。「運んで渡す」を受け止めてくれる仲間の言葉のなかから、彼は「ありがとう」という言葉の意味する相手の心を発見し、そのことを自分にとってもうれしいこととして感じるように

なったのだろう。そういった関係が、労働に主体的な目的を与え、そのことによって彼は、自らをその場に定位することができるようになったのだ。「うれしい」という心の共有が、さし出すという行動に「渡す」という意味を付与してくれた。

　発達は、多くの場合には「形式」というべき行動の学習が先行するが、他者との共有・共感のなかで得られた意味や価値の実感や認識を、「形式」のなかの大切な「内容」として据えていく過程である。

外界との「間」の形成
　述べてきたように、生後10か月頃、主体と客体を転倒させ、子どもは新しいコミュニケーションの主人公になろうとする。他者に対して、自らモノをさし出し、自分の得意な手遊びなどをして見せ、そして自分の見つけたものを伝えようと指さしするようになる。

　指さしの現れる瞬間には、子どもが外界とどのように向き合っているかを知る上で大切な兆候が現れる。まず、指さしの出るその瞬間、子どもは目の前にある対象を「おやなんだろう」というように、まじまじと見つめる。このまなざしは、手にしたものをガチガチと口に入れたり、口から出して目でたしかめることを繰り返しながら、しだいに対象を長くかつ多面からとらえるものに変化していく。つまり子どもは、対象との物理的な「間」をもった関わりがしだいにできるようになっていく。

　人さし指と親指が対向して小さいものをつまむ手指の発達が、この「おやなんだろう」のまなざしと連関しているようだ。この「ピンチ把握」ができる子どもは、人さし指の先で目の前のモノにツンツンと触れ、そのモノの反応をたしかめてからつまもうとするだろう。人さし指は、把握のためだけではなく、対象との心理的な「間」を調整しながら、それを取り込んでいく道具のようにみえる。

　指さしが現れるとき、子どものまなざしには、不安感情があるようにみえる。新しいモノは、「おやなんだろう」という好奇心にかなうとも

に、新しいモノゆえの不安を引き起こす。人さし指が対象に伸びる瞬間は、好奇心に導かれて不安を乗り越えようとする瞬間でもある。

　言うまでもなく、指さしやピンチ把握を取り出して「繰り返し」訓練するような指導法が求められているのではない。その指さしにこもっている子どもの発達要求にかなうものは何なのかという子どもの内面への洞察を必要としている。それは、この発達段階の子どもが欲している経験世界の内容を知ることでもある。

　この発達段階の子どもは、小さくてかわいいものが好きである。「一つ」と「もう一つ」を区分して二つの単位でとらえられるようになった生後7、8か月頃は、小さいものと大きいものが並んでいたら、まずつかみやすい大きいものをつかんでいたが（**写真3** 120 ページ）。そして、自然のなかにある、きれいでキラキラしたものが好きである。アスファルトの割れ目に咲く小さなタンポポ、巣に集まるアリの行列などを見落とすことはないだろう。これらの多くは、生命を宿すものである。私は、この子どもたちの好奇心と不安をかかえた外界探索を、「いいもの探し」の散歩と名づけた（参考文献② 94 ページ）。

　障害のある子どもも「いいもの探し」が好きになる。しかし、その散歩のなかで見つけるものは、マンホールの蓋、換気扇やエアコンの室外機、特定の看板であったりする。そこには、小さくて、変化があり、生命の感覚があるという性質はない。むしろ「同じ」モノを見つけることに喜びを感じているようだ。変化の不安を乗り越えていくことによって、変化への期待を子どもはもつようになるのだが、自閉症の子どもたちの多くは、変化の不安を乗り越えていくことに多大なエネルギーを必要としているのだろう。

　ではこういった常同性に対して、どんな視点をもつことが大切だろうか。どんな対象であろうと、自らの要求で探索し発見したモノは、子どもにとって喜びであるはずだ。「そう、見つかったの、うれしいね」という心もちで、子どもの心を受け止めたい。その受容感は、相手の感情を

第5章　発達の過程と指導の視点　129

発見し、「うれしい」という自分の感情も発見していくきっかけになる。そのことが、「自分もうれしいし、相手もうれしい」ことを実感する感情の相互浸透、つまり共有、共感へとつながっていく。

　ある通園施設の自由遊びでのことである。砂場での遊びに入れないMくんがいた。彼は、園庭の隅のすべり台で一人で遊んでいた。しかし、ときどきすべり台を滑った後で砂場に近づき、またすべり台へと逃げるように帰っていく。そのようすを見ていると、チラッとこちらを見ることがある。指導員は自分の掌に砂をのせ、砂場に近づいてきたMくんに、そっとさし出してみた。彼は、からだを強張らせながら砂に手を伸ばして少し触れてから、逃げるようにすべり台に直行した。しかし、Mくんは再び砂場に近づいてきた。その往復を繰り返しながら、指先で指導員の掌の砂に触れる姿には、好奇心に導かれ指導員に支えられて、不安を乗り越えていくプロセスが潜んでいた。

　このように子ども自らが不安を乗り越えていくプロセスは、子どもの反応を待っているだけの時間ではない。子どもの接近に、そして対象に向けるまなざしに、子どもの発達要求が隠れていないかを探してみる。そして、その発達要求の高まりを願って魅力ある教材を用意し、好奇心にはたらきかけ、やさしい気持ちでゆっくりと、しかし指導者としての願いを込めてはたらきかけてみる。このプロセスには、指導とは何かを考える一つの典型があると私は考えている。

1歳半の発達の質的転換期へ向かう思春期の心理

　思春期の始まりは、第二次性徴である、初潮、精通、発毛、変声などを現象とする生理的変化を一つの兆候とする。その変化は障害があっても同じように現れ、子どもには戸惑いと不安が生じる。しかし、周囲の大人の戸惑いは、はるかに大きいだろう。その反応も作用して、障害のある子どもは自分の身体的変化への不安を強く感じることになる。そもそも1歳半の発達の質的転換期へ向かう子どもの変化への不安の強さを

想えば、思春期の不安が増幅することも容易に推察することができよう。

　この発達段階にある知的障害の子どもは、けっして軽度とはいえない障害をもって生活しているのだが、その重度感に本人も周囲も負けない姿勢をもって生活を創ることが、思春期の不安を乗り越えていくための前提だと思われる。

　私の経験したケースによれば、「中学校期に自力通学ができるようになった」「一人で出かけて行きたい場所をもった」「養護学校寄宿舎に入舎した」などの経験をもつ子どもたちは、思春期的な不安定さを自己コントロールする力をもてるようになることが多い。小学校期の後半から自力通学に挑戦した子どももおり、同じ頃、一人で遠出を楽しめるようになった子どももいた。また、それまでは親と離れられなかったのに、一人寝や一人での入浴を要求するようになった子どももいた。

　養護学校小学部の高学年から自力通学に挑戦したある女児の母親は、「養護学校のバスを降車してから自宅までの道を一人で歩いて帰る」という担任の提案を最初は受け入れられなかったという。しかし、「練習のときの安全確保は責任をもってするから」という熱心さに動かされて、はじめて挑戦した日、地域の中学生の制服姿の列にまぎれて一生懸命歩いて来る赤いジャージ姿のわが子が見えたとき、なんともいえない感動だったと言われた。彼女の喜びも大きかろうが、こういった経験によって親も、「自分といっしょでなくても暮らしていける」と、わが子の可能性に目を開かれていく。このとき家族は「自分が必要とされていない」さびしさを感じるが、それなくして子どもは精神的な自立の契機をつかむことは難しい。

　思春期ということを捨象して、1歳半の発達の質的転換への過程としてみるならば、子どもははじめて入る部屋をチラチラ見ながら安心を得ようとし、新しいモノを人さし指で触れながら安全をたしかめようとする。自ら不安とたたかうなかで、新しい世界に船出していく心がつくられていく。そして、ある日突然、支えであった大人を捨て去るように、

自らの力で「いいもの探し」の探索を始める。この分離のとき、食事の介助を嫌い、自分で見て自分の手で食べようとする。靴もパンツも自分で履きたがるようになる。

　Kくんは自閉症であり、外界の変化への不安の強い少年だった。ところが、11歳のある日、自転車で遠出するようになった。母親は、彼が近所の家に上がったり、商店で商品に手を出したと聞いて、「行っちゃだめ！」と強く制止したという。しかし、それでも親の見ぬ間に飛び出す彼に対して、「成人するまでの親のつとめは、子どものしたことの結果に責任をもつこと」と自らに言い聞かせ、近所の家や商店に、「しっかり言い聞かせてくだされればわかると思いますので、よろしくお願いします」とあいさつしてまわられた。その一言によって近所の人たちは、彼の訪問を自然に受け止められるようになったのだろう。満足感を感じるようになってか、彼の訪問は減少していった。

　商店街の牛乳屋さんは、日々の彼の訪問を待っていてくれ、牛乳瓶を箱に整理しながら積み重ねていく「しごと」を用意してくれたという。几帳面な彼の「しごと」を「すごいねぇ」と喜んでくれた。彼はその喜びによって、20歳を過ぎた今でも牛乳屋さんに出かけて行き、牛乳瓶の整理を手伝っているという。彼が突然のように一人寝を始めたのは、牛乳屋さんへの訪問を始めた頃であった。これもKくんの「いいもの探し」のなかでの出会いによって実現した自立の契機である。子どもは、「いいもの探し」のなかで本当の「したいこと」を発見し、新しい人間関係のなかで自らの可能性を発見していく。

3　1歳半の発達の質的転換期と指導の視点

1歳半の発達の質的転換期と発達の連関

　発達には、連関という仕組みがあることを、本書ではたびたび述べて

きた。連関とは、発達を構成しているさまざまな機能・能力が、互いに他の力を必要としており、相互に関連し合いながら発達してくることをいう。芋の子のように「つるんで」生まれてくると形容すれば、わかりやすいだろう。たとえば指さしは、人さし指を使って小さなものをつまむ力と、ゆるやかに連関している。発達の連関を認識することは、ある力だけをとりだしてはたらきかけるような指導の視野の狭さを克服していく契機を与えてくれる。

　母親がショッピングバッグを手にすると、散歩に連れて行ってくれることを経験している子どもは、母親がそれを手にしただけで外出することを期待して待っている。しかし、今日はいつもと違って、片づけるためにそのバッグを手にしたとしたら、子どもの期待は裏切られてしまう。泣き叫んでも、散歩には連れて行ってもらえない。子どもは、思い通りにならない現実に出会い、怒りの感情をぶつけながら、「散歩ではないのだ」と諦めるしかない。子どもは、そんな「ぶつかり合い」のなかから、「お母さんがいつものバッグを持ったけれど、どうするのかな」と、あらかじめ考える力を獲得していく。

　この過程には、大切な連関の特徴が隠れている。すでに、生後7か月頃の発達の質的転換期で、「対」の見比べや選択が見られることを述べた。実は、1歳半の発達の質的転換期でも、新しい「対」が発生してくる。1歳半では、「ショッピングバッグ」と「散歩」などと、ある事物と活動を「対」のように結合する力と、「対」の選択肢の間で揺れ動きつつ、切り替える力が連関して発生する。「対」を結合する力は、たとえば異なったものを区別したり同じものを結びつける弁別やマッチングの力になり、「対」の関係を記憶する力にもなる。それは「学校に行ったら、まず○○をする」「このカバンはロッカーに入れる」などというように、時間、空間の順序や位置を記憶することになる。

　しかし、生活には、学習した通り、記憶した通りではないことがたくさんある。現実とぶつかり、「○○をするのではない、朝の会が始まるの

だ」「今日はロッカーに入れるのではない、散歩に持っていくのだ」というように、「切り替える力」が必然的に求められるようになる。言い換えれば、「対」を結合する記憶が少し先行するゆえに、生活の展開のなかで現実とぶつかり、必然的に「○○ではない□□だ」と考えて切り替える力が必要になってくる（**写真6**）。

　この「○○ではない□□だ」と考えて切り替える力は、「次元可逆操作の階層」（1歳半から学童期の前半の9歳の発達の質的転換期を包含する）の第1段階である「1次元可逆操作期」を特徴づけるものである。

　ところが、障害をもっている子どもには、「対」を結合するマッチングと記憶ができるようになっても、考えて切り替える力が生まれにくいという連関の顕著な「ずれ」が現れることがある。たとえば自閉症の子どもでは、時間、空間の順序や位置の記憶、同じ形や色をマッチングすることが優位に先行する。しかし、主体的に生活の見通しを拡大していったり、行動を切り替えることがうまくできない。とくに、マッチングの要求の強い子どもは、思い通りの日課や散歩のコースでないと抵抗したり、いつも通りの位置関係で並べておかないと気がすまないという「同一性保持」が現れる。これはマッチングへの要求であるとともに、変化への抵抗であり、自らの意図や要求の防衛のようにもみえる。つまり、「対」を結合することの優位さが招いているだけではなく、そこに連関して自他の関係における葛藤を嫌い、自己を防衛したい要求が過剰に強くなった状態とも解釈できる。

　このような状態に対して、自閉症はそのような障害なのだから、「強み」ともいえるマッチングと記憶の力に依拠して、時間の順序であるスケジュールを学習させたり、モデル通りに組み立てるようなスキルを伸ばそうとする考え方もある。「強み」に依拠して「弱み」を育てると定式化されるような視点が、学習指導要領などでも奨励されている。この一見妥当な定式化は、実は重要なことを見落としている。そのように強弱で表現される機能、能力、技能という目に見える特徴はとらえているが、

写真6

1歳7か月児。「はめ板・円板」の回転

　「○○ではない□□だ」という「1次元可逆操作」が展開を始めている。可逆操作にふさわしく、自らの活動を対象化して、一歩前の事象に戻って、「○○ではない□□だ」と、変化を確認しようとしている。

①円板を円孔に入れる。

②子どもの前で、孔の開いた基板を180度回転する。

③「もう一度入れてね」と促すと、基板を見渡してから、反対側に移動した円孔に入れることができた。入れられたことを自分で確認するように指さしをする。

④さらに、先ほど入れた円孔の位置を確認するように四角孔を指さす。

第5章　発達の過程と指導の視点　　135

子ども自らがそれらを対象化して（見つめ、はたらきかけて）、意識し、意欲をもって立ち向かおうとしている最も人間的な機能をみようとはしていないのである。

発達の諸力の連関を主導する自我

　自閉症の子どもも、中学校期、思春期の頃には、このような同一性保持が軽減し、思い通りにならないときでもいらだちを自己抑制できるようになることが少なくない。その一方で、同一性保持がいっそう強固になり、「同じ順序でお父さんのワイシャツがタンスにかかっていないと気がすまない」「家の窓や戸がきれいに閉まっていないと気がすまない」など、目でみて同じ状況になっていないと「気がすまない」ものに変わっていくこともある。

　このような異なった経過を辿るそれぞれのグループは、発達レベルに根本的な差があるわけではないが、それまでの生活や教育の経過に注目すべき違いが存在する（参考文献④）。同一性保持が軽減していく子どもたちは、すでに述べたように、自力通学や寄宿舎入舎などの心理的分離の契機を経験していることが多かった。

　その典型の一人である第２節で紹介したＫくんは、「対」を結合するマッチングと記憶が先行する「ずれ」を顕著にもっていた。休日には、テレビの正午の時報を聞いたら、雨が降ろうが嵐になろうが出かけてしまう。通学バスの停留所の前にある商店で、いつも同じアイスクリームを食べないと気がすまない。決まった時間に「プロ野球ニュース」が始まらないと許せない。そんなことをいくつももっている少年だった。

　しかし、このような同一性保持のなかにも、彼は自分の本当の要求を見つけ出した。それは、牛乳屋さんで毎日「しごと」したいという願いだった。同一性保持のような日々の行動にも自分の要求を込めるようになってから、「雨が降っているから今日は行ったらだめ」と諭すお母さんとも葛藤しながら、「○○ではない□□だ」と考えて、諦められるように

なっていった。これは、彼にとっても、自分の本当に望んでいることは何なのかという、要求の自己発見であった。そして、本当の要求を発見したことによって、アイスクリームも「プロ野球ニュース」も、言い聞かせれば諦められるようになっていった。それらはみな、彼にとっては「思い込みの要求」だったのだ。

　この本当の要求を意識し拡大していくのが自我の機能である。自我は自分で考えて選択し、自分をコントロールして、自分の要求と他者の要求を調整していく力にもなる。つまり、本当に好きなことがあるからこそ、考えて選択する自我はたしかになっていくともいえる

　決まった順序、位置関係、行動パターンになっていないと受け入れられない同一性保持のある子どもは、比較的早期から座り続けることができるような「落ち着き」を示すことがある。そのために、文字、図形などの模写、パズル構成、色や形のマッチングなどの教材・教具や教育方法が多用される。しかし、このような活動ができるようになった達成感は、いくら丁寧にほめ言葉をかけても、いつまでも持続するわけではない。あたかも「これにはいったいどんな意味や価値があるのか」と自分や周囲に問いかけるようなときがやってくる。自分の要求も見つからず、また大人の要求は自らの行動を妨げるものとしかみえず、イライラしつつ同一性保持を強めていく。それはあたかも、自分の要求、自分の存在の意味や価値の認識を渇望する自我の苦しみの訴えのようにもみえる。

自己を対象化し復元させる力と 2 次元の萌芽

　1 歳半の発達の質的転換期は、話し言葉や道具操作の飛躍的な獲得などよって説明される段階である。生後 10 か月頃の「生後第 2 の新しい発達の原動力」の特徴であるコミュニケーション関係における主客の転倒、そして「対」を合せる定位的活動の芽生えは、言語の獲得を必然とし、道具を素材に合わせて操作するという活動へと結実していく。

　K 式乳幼児発達検査（現在発表されているのは「新版 K 式発達検査 2001」）

の下位項目である「課題箱（パフォーマンスボックス）」は、箱に空いた小さい孔と長方形の孔に、それぞれ細長い棒と四角い板を「入れる」課題である。1歳前半において棒を通すことはできるようになるが、板を通すのは容易ではない。四角い板は細長い孔に対して、向きを調整しなければ入れることができないからだ。向きの調整は、1歳前半の子どもにとってはむずかしい。しかし、入れることができないという現実に出会い、子どもは大人の励ましを受け、手掛かりを与えられて、試行錯誤を重ねていく。生活のなかではスプーンに憧れて、食べ物をすくおうとするがうまくいかない。保育所に通う子どもならば友だちの姿をモデルとして、保育士から支えや手掛かりを得て、スプーンをもった手を回内し、それでもだめなら回外して、がんばることだろう。「○○ではない□□だ」と自己調整する姿である。そういった自らの現実とたたかう姿は、まさに発達は発達要求と現下の自分の矛盾を克服していく過程なのだと実感させるものである。本質的には、「○○ではない□□だ」という「1次元可逆操作」の獲得の未熟さゆえの内的矛盾が存在している。その矛盾を克服しつつ、「○○ではない□□だ」という「1次元可逆操作」によって、自らの身体運動や手指の操作を制御することができるようになるのが、1歳半の発達の質的転換期である。「課題箱」の課題は、その質的変化の状況を把握することができる例となる。

　日常生活においては、スプーンの使用のみならず、なぐり書きから円錯画（グルグル丸）への移行期であり、方向転換して足から布団に入り、足を投げ出してすべり台を滑れるようになるときである。積木を提示すれば、数個は積み上げることができるが、やがて崩れてしまう。子どもは悔しくて崩れた積木に当たり散らすかもしれない。しかし、その後で我に帰ったように、もう一度積んでみようとするだろう。そこに、活動を途切らせないで、つないでいこうとする復元力を観察することができる。このような自己を「○○ではない□□だ」と調整し、かつ復元させていく意志と意欲は、たんに1歳半の発達の質的転換を達成したという

だけではなく、次の活動へと自らをつなぎ、発展させ、展開させていくことにおいて、「1次元」ではない「2次元」の段階へと進む力にもなっていく。

　このような自己調整や自己復元が可能になっていくには、助走路というべき過程が必要である。子どもは、新しい手段をもったコミュニケーションの主体に転換する生後10か月頃から、食べさせてもらうのを嫌い、自分の目で選び、自分の手で食べようとする。そこには、考える主体であり、目的をもって生きる「自分」が生まれている。食べるだけではなくパンツや靴を履くことも、運んで片づけることも、手伝われることを嫌い自分でしようとするだろう。そのときには、自分でできた喜びを満面の笑顔で大人と共感しようとする。

　積木を積むときにも、1歳前半では積めたことの一つひとつを大人と喜び合おうとするまなざしが何度も見られるが、1歳後半になると、すべての積木を積み終わって、はじめて喜びのまなざしを向けてくれるようになる。積めた喜びを他者の共感とともに積み重ねることが、やがて、それでは満足せず、自らの「つもり」＝目的によって全部積もうとする姿へと発展していく。その大きな目的をもち、自らの意図をもって挑戦する力が、失敗に負けないで目的を達成しようとする力になっていく。そこには、目的を表象する力、自分の操作や運動を調整する力、自己を復元させる力などが、連関しつつ関与しているとみられる。

　片まひで右手の自由が制約されていたＳさんは、養護学校高等部の卒業当時、ちょうど1歳半の発達の質的転換期にあった。しかし、積木が崩れると、それを放り散らかして怒り、日々の生活では、要求がかなわないと茶だんすのなかの皿まで投げ散らかしていたという。そのころの彼女は、まひがあり固く握り込まれた右手を後ろに隠してしまって、自ら使おうとはしなかった。

　卒後、通所施設に通うようになり、再び発達相談にやってきてくれた。そのとき、1年前には隠してしまっていたまひのある右手を、左手でこ

第5章　発達の過程と指導の視点　139

じあけるようにして開いて、積木を握らせて積もうとするのだった。そして気持ちを整えるように大きな呼吸をしつつ、何度も挑戦してくれた。

母親は、施設でのクッキング活動を彼女がとても楽しみにしていること、卵を割るときにまひのある右手でボウルを押さえられたこと、家でも目玉焼きを作り、しごとから帰ってきた父親が、「おいしい！」と言って食べてくれていることなどを報告してくれた。養護学校時代でもクッキング学習はあったのだが、成人施設での活動は、本当の生産する喜びをＳさんに与えてくれていると思われた。

価値を生産し、そのことを認められる関係によって自らの価値を実感していけるならば、障害のある人々は、障害の存在も含めて自己を肯定的に受け止めていく大切な契機を得ることができる。その経験はさらに、たしかな復元力をもって自らの障害に立ち向かう力も与えてくれることになるだろう。

4　対比的認識と二つの操作の「結合」が獲得され始める発達段階と指導の視点

「○○してから□□する」という「２次元形成」

１歳半の発達の質的転換を達成し、「１次元」の世界に「２次元」の芽を宿した子どもたちは、何にでも興味をもち、独り占めしたい要求を拡大していく。おなかがいっぱいでも、「モット！　モット！」と要求し、さらに「イッパイ！　イッパイ！」などという言葉も使えるようになる。そんな欲張りな心は、「○○ではない□□だ」という「１次元可逆操作」を駆使して、小さいものよりも大きいものを欲しがる対比性を芽生えさせ、必要にかられて「大きい－小さい」「たくさん－すこし」などという認識を自らのものにしていく。このような対比的認識は、ふつう２歳中頃から獲得されていく（**写真7**）。この認識が獲得されていくときは、

「一つ」と「二つ」を選び取れる数の概念の芽生えのときでもある。

　この段階においても発達には連関があり、まさに「つながって」さまざまな力が生まれてくる。それらは、「対比」あるいは「結合」という共通の特徴に貫かれている。たとえば、作る、描くという構成・表現においては、積木で運転席のついたトラックを作ったり（**写真8**）、「たて」と「よこ」を結びつけて十字を描けるようになっていく。皿を何枚も並べるような、「つなげる」遊びも飽きずに続けるようになる。

　皿を並べて、「お店屋さん」の「つもり」になったりする「みたて・つもり」遊びも広がり、目前の皿を商品に「みたて」て「お店屋さん」を表現しようとするようなイメージの力も生まれてくる。そこには、表現するものと表現されるものの分化と統合がなされ始める。

　生活では、「朝の会が終わったら散歩にいく」「帽子をかぶってから散歩に行く」などのように、あてがいぶちの日課ではなく、「〇〇してから□□する」と自分で考えた時間的、空間的な見通しが主体的に発揮されるようになる。

　この「一つ」と「もう一つ」が、単なる並列ではなく、時間的空間的な順序性をもって結合していく特徴は、「2次元」と称されている。4歳頃は「2次元可逆操作期」であり、その助走的な段階、つまり2歳から3歳にかけては「2次元形成期」とされる。

「わかりたいけれど、わからない」という不安

　「2次元形成期」は「形成」の段階であって可逆操作が獲得される段階ではない。たとえば、目の前にないものをイメージする力は、自分自身の経験のなかで目にしたものに限られるし、時間的空間的な見通しも、日々の生活のなかで学習していることの範囲を越えるものではない。逆に、そんな時期だからこそ、経験していないことへのイメージのもちにくさや見通しのもちにくさが、子どもには意識されることになる。それは、「わかりたいけれど、わからない」という不安を子どもに引き起こす。

写真7

2歳7か月児。対比的認識を問う課題。通常の「大小比較」課題ではなく、三つの円によって構成されている図版である。

このように「2次元形成期」は、対比的操作を自信をもって確定していくことはできないが、相手の受容・承認などをうかがいながら、確定させていくための努力をしている。

①「小さいマルはどれですか？」と問われて、「大小」の対比からの選択ではないために、自信をもって答えられずに、相手の顔をうかがう。

②肯定的な心証を得られなかったために、となりの円に指さしを転じながら、相手の顔をうかがう。

③「これだ」という心証を得て、心を強くし、その円を指さす。

④「大きいマルはどれですか？」と問われて、残りの一つを自信をもって指し切った。

142

写真 8

2歳8か月児。積木の「トラック模倣」に挑戦。

①目の前で「トラック」を作る手本を見せられてから挑戦する。まずは、「ヨコ」を構成しようとする。

②続いて「タテ」を構成しようとする。「ヨコ」に並べた積木も、積み上げようとする。

③結果として、モデルとは異なった構成になったが、トラックを動かしてみる。

④同じものを作るというモデルとの対比を強く意識しているわけではないが、「ヨコ」と「タテ」という二つの単位を認識し、「○○してから□□する」と構成できた喜びは大きい。

第5章 発達の過程と指導の視点　143

2歳の子どもが、節分の豆まきの鬼のお面を見て泣き叫ぶのは、よく知られた姿である。そのお面の向こうにどんな顔があるのかを理解することはむずかしく、目の当たりにしたお面の怖さに驚愕してしまう。4歳になれば、だれが鬼を演じているのかという表と裏がわかって、かえってそんな演技がおもしろくなるのだが。

　2歳はさらに、たとえば「散歩に行こう」という大人の誘いに、「いや！」の一言を返してくるので、「反抗期」と言われることになる。これは自我の発達によって「自分で！」と強く思っているのに、指示命令しようとする大人への拒否通告であるが、より本質的には「散歩に行ってどうするの」という見通しの不確実性が、大人の提案を受け入れられない心理を強めていると思われる。わかりたいが、現下の表象のレベルではわからないという矛盾の表れである。「散歩に行こう」ではなくて、「散歩に行って、大好きな汽車ポッポ遊びしようね」と、期待に胸をふくらませられるような関わり方を大切にしたいものだ。

　このころ、「なんで」という問いを大人に向けてくることも多い。問いの主人公になりたい要求もあろうが、「わかりたいけれど、わからない」という不安の素直な表現でもある。同様なことは、自閉症の子どもの何度も繰り返す他者への問いにも潜在している。状況への不安や、他者の意図が自分に向けられることへの不安が強いように思われる。

　「わかりたいけれど、わからない」という時間・空間への不安は、それを緩和してくれる心理的支えを強く求めることにもなる。Hくんは、13歳の少年であり、アンジェルマン症候群（15番目の染色体の極小欠失に由来し、けいれん発作、ぎくしゃくした失調性の動き、知的障害などがある）という障害をもっている。刺激に対する感受性が強く、ちょっとした刺激が、おもしろい楽しいという感情表現ではない突発的で持続する笑いを誘発する傾向をもつ。Hくんは、言葉はなく道具を使うこともむずかしいので、1歳半の発達の質的転換を達成していないと診ていた。その一方で私には、常にスーパーのレジ袋を持っていないと気がす

まないという「こだわり」の頑固さが、何かの「たしかさ」を表現しているようにも思われた。

　母親は、擦れる音がうるさいのでレジ袋を取り上げて相談室に入られた。彼は、室内を探し回り、レジ袋は発見できなかったものの、底がアクリル板で透けて見える小さなおもちゃ箱を発見し、それを両手で抱えて落ち着くことができた。そこで私が、「どちらの丸が大きいですか」と「大小比較」のカードを提示して質問すると、彼はまるで水中メガネのようにアクリル板の箱を顔につけて透かして見ながら、「大きい」マルの方に首を傾けたのだ。幼児期から目が合いにくい傾向を指摘されていたが、通園施設で大きなダンボール箱で作った家のセロハンの貼られた窓を通してなら、まわりの大人と目を合わせてくれたというエピソードを、母親は語ってくれた。

　「わかりたいけれど、わからない」という得体の知れない世界への不安を軽減するための「緩衝材」のようなものが、彼には必要だったのだ。対比的認識が獲得されつつあるにもかかわらず、言葉はなく運動障害も軽くない彼にとって、何かをさせようとする他者の意図は、いっそう不安なものだったのだろう。彼の身につけたレジ袋は、「こだわり」ではなく、不安ある生活のなかを歩くための「心の杖」（田中昌人による呼称）だったのだ。

　この発達段階の子どもたちに広範にみられる「こだわり」や儀式には、同じような心理的メカニズムがあるのかもしれない。いつもの本を読んでもらわないと寝られない、人形を抱いてでないと寝られないというのも、眠る世界、暗くなる世界は、子どもにとって、「わかりたいけれど、わからない」不安な世界だからだろう。この時期にみられる、灯りを消すことやトイレに入ることの怖さも、同様の不安を背景にしている。部屋の隅に隠れて仲間のなかに入れない子どもも、距離という「緩衝材」のあるその空間から「心の窓」を通して、みんなが楽しそうにしているのをのぞいているのだろう。

発達は、可逆操作の質を高めつつ前進していく過程であり、その発達段階固有の「対」の間でゆれながら、自分で選択し、見通しを形成し、不安や葛藤を乗り越えていく試練を子どもに与える。それぞれの段階において必要な「心の杖」を取り上げるのではなく、それを心理的な拠点として、自らの意志で不安を乗り越えていけるような生活、活動、時間を子どもに保障したいものだ。

「大きい自分になりたい」願い
　対比的認識が獲得されていくときに子どもは、自分よりも小さい友だちに、先生がするように着替えを手伝おうとしたり、食べ物を食べさせてあげるようになる。泣いている子どもの頭をなでる姿もある。そこには、大人をモデルとして、大人のように「大きい自分になりたい」願いが生まれている。

　このような発達要求の高まるときには、そうではない自分の現実と向き合わなければならない。この時期、そのような葛藤と無関係とは思えない、友だちに噛みつく行動がしばらく続くことがある。

　どんなときによく噛むのかを保育士に尋ねると、週のなかでは月曜日、1年のなかでは運動会のある10月頃、保育士が余裕なく立ち歩いているとき、狭い場所にたくさんの子どもたちがいるとき、などが目立つという。また、目の前を友だちが通過したときに、一瞬にして噛みついていることもあるという。休日を経て新しい週の始まる月曜日は緊張するだろうし、運動会の練習の続く10月頃は、張り詰めた雰囲気がある。また、友だちのことがみえるようになったゆえに、自分との対比によって集団は緊張する場になっているし、不安や緊張を支えてくれる先生との関係がもちにくいときなどに、噛んでしまうのだろう。

　このことに対して発達的側面からの説明を試みてみよう。「○○してから□□する」という空間的時間的な状況理解が芽生えると、子どもは理解ができ始めているゆえに、その状況に自分を合せようとするように

なる。しかし、その状況理解はまだ不確かなものであり、かつそれに合わせることが、子どもの本当の要求とは限らない。こういった矛盾が、伏在した苛立ちを招く要因になっているのではないか。第3章の「2 子どもと外界を媒介する発達」(69〜75ページ)で述べた積木の「トラック模倣」課題における「対称性反応」に、この矛盾がよく表現されている。つまり「トラック」の形はわかり始めているが、「並べてから、運転席を乗せる」という2次元的な構成の手順の理解は不確かで、かつ非対称の形は受け入れがたいという心理によって、子どもは対称形を構成することに帰結してしまうようだ。

　自閉症の子どもは、この「2次元形成」において一過性の攻撃性をみせることがある。とくに「対称性反応」が持続しやすい場合には、その傾向が強い(参考文献①④)。つまり、障害の有無に拠らずこの発達段階では、他傷、他害などと称される行動が誘発されやすいのである。

　この段階の子どもには、話し言葉や状況への理解があるゆえに、教育は言葉やカードなどで大人の意図を伝え、それに応じるように子どもに求めがちである。さらに、いっそう念入りに、「視覚支援」「環境調整」と称して子どもが「わかりやすい」状況を提示したりする。その指導は結果として、自らの要求ではないことに子どもを従わせ、発達要求を委縮させることもある。

　いずれの発達段階においても同様だが、発達要求に呼応した内的矛盾が高まるときには、指導は子どもがその発達要求を実現する道すじから逸れることなく歩けるように、援助したいものだ。

　朝の会を想定してみよう。となりの友だちが名前を呼ばれているときから緊張し、いざ自分が返事をしなければならない段になると、うつ向いたまま顔を上げられない子どもをよく見かける。大人の期待に応えて手を挙げなければならないと思えば、いっそう緊張してしまうし、返事ができてほめられている友だちと自分を対比してしまうと、その緊張はいっそう強まる。そして自分がたしかに返事ができるという見通しがも

てない。すでに述べたように、「わかりたいけれど、わからない」不安なときに、自信がなくて一番見通しがもてないのは、自分に対してなのだ。そんなとき、返事をすることだけに大人の課題意識が集中すると、子どもの心は立ち上がれない。手は挙げられなくても、じょうずな「ゾウさんの鼻のまね」で返事できるというように、「もう一つの道」を選べるように援助したい。「できるか－できないか」を案じる得体の知れない自分ではなく、たしかな自分を経験することによって、翌日はがんばって手を挙げてくれるようになるかもしれない。「手は挙げられなかった、でもゾウさんはできた」という、「でも」をつくることが指導の要だろう。どんな自分がほしいのか、どんな友だちがほしいのかという発達要求に耳を傾け、苦手で緊張することがあっても、「でも」得意なこと、大好きなことがあるというように、二つの自分を心に抱けるような「自分づくり」を援助したいと思う。

「より良い自分」を選び取りたい

　3歳児健診で保健師は、子どもの反応に苦慮することが多いだろう。モジモジして、質問に答えようとしなかったり、言葉で応答を求められることには、うつむいてしまうことがたびたびある。そんなとき大人が焦ってしまうと、子どもの緊張は強まるばかりである。あるいは、なかなか応えようとしない子どもに対して、付き添っている親は、「早くしなさい」「応えなかったらお家に帰れないよ」「早く応えてハンバーガー屋さんによって帰ろう」などと言いたくなるのである。しかし、この発達段階では、子どもを外から動機づけようとする言葉は、あまり意味をもたない。はにかんでモジモジしても、「でもがんばりたい」というより良い自分を選び取るための葛藤が、子どもの心を支配しているからだ。

　その心に大人は正座して相対したい。そのくらいに、小さい心とからだに宿る「より良い自分を選び取りたい」願いは、生きることへの誠実さを表現していると思われる。だから、がんばりたくてもがんばれない

自分と向き合っているときに、脅したり騙したりするのではなく、あるいは、その葛藤を避けて通そうとするような回避の道を開けるのではなく、「でもがんばろうと」と思っている子どもの心を信頼し、じっくりとつき合い、自ら心を立ち上がろうとする瞬間をキャッチしたい。

生活こそ表象の力を育む大地

　対比的認識が獲得され始める２、３歳の発達段階は、「○○してから□□する」という時間的空間的な見通しでも、そして縦と横をつなげる構成・表現でも、二つを「結合」すること、つまり「２次元」を創造することが特徴である。

　保育所の砂場に行ってみると、一人の子どもが皿のなかに砂を入れて、そこに落ち葉をのせて、「カレーライスつくったの」などと教えてくれた。これも「２次元」の構成・表現であるが、「お母さんとつくったの、お父さんがおいしいって言ったよ」と生活の事実を、「みたて・つもり」によって伝えようとする姿でもある。伝えたい生活の事実があってこそ、その舞台の上で表象の力が展開していく。生活再現遊びは、子どもの生活の喜びの表現でもある。

　障害のある子どもたちのなかには、この表象の力が育ちにくいケースがある。とくに自閉症の子どもは、目前にないものを思い描くことはむずかしいとされる。しかし、「わかりたいけれど、わからない」という不安を克服していく頃に、不思議と自分の経験を描いてくれることがある。

　子どもの泣き声にいつもパニックを起こしていた１４歳のＴくんは、学校に温水プールができて、週１回の水泳をするようになってから、怖かった「顔つけ」ができるようになった。そして、「プール」と言いながらその絵を描いてくれるようになった。「プール」の絵を描くようになった頃から、彼は「赤ちゃん」と言いながら小さい子どもの泣き声を我慢できるようにもなっていった。おそらく、不快な泣き声と「赤ちゃん」

を随意的に「つなげる」ことができるようになったのだろう。このようなイメージの力、つまり表象を操ることの発達は、見通しの不安を自ら克服していく過程と相互連関的に進行するようである。

　子どもの構成・表現は、伝えたい喜びと伝えたい人、それをつくり出す教育や療育であってこそ豊かになる。伝えたい喜びとは何だろうか。カレーライスを落ち葉と砂でつくった子どもは、人参の皮がむけたり、お父さんに「おいしい」と言ってもらったことがうれしかったのだ。Tくんにとっては、怖かったけれども、はじめて「顔つけ」ができたことがうれしかったのだ。そこには、自分への手応えやそれを価値あることとして承認してくれる人の存在がある。

　成人期の労働や、特別支援学校中学部・高等部での「作業学習」において、「作業」が自分への手応えや価値を実感できるものになっているだろうか。急に通所を嫌がるようになった、円形脱毛症や拒食症になったなど、何らかの心理的負荷が行動や身体症状になって現れることがある。これらの行動や症状の要因は慎重に検討されなくてはならないが、まず労働や生活のありようを見直してみたい。まじめに「作業」をがんばっていても、じょうずにできていても、それが自分への手応えとなり、価値あるものを作っているという自己認識の変革につながっているだろうか。数量、時間、工賃の達成度や「作業」の出来栄えだけで評価することは、子どもや青年に「それができて、いったいどんな意味や価値があるの」と問う空虚な自分を発見させることになる。

　先に紹介したKくんの通う作業所は、陶芸作品に制作者の名前を記して販売している。ときどき買ってくれた人から手紙が届き、字が読めない彼でも、それを読んでくれる指導員の横で幸せそうに聞いているという。「先日いただいたお椀は、ちょうどよい色合いで、野菜を炊いたものが美味しく感じられます。ありがとう」と。いつも折っている箱が「おべんとう」を入れる容れ物になることを知った青年は、箱の向こうに「おべんとう」を思い描くことができるようになることだろう。

自分の作ったお椀が「美味しいもの」と結合し、たくさん作っている箱が「おべんとう」と結合するようになる。そうして、その価値あるお椀や箱をつくっている自分こそ、価値ある存在であることを実感できるようになっていく。
　以上のように、対比的認識が芽生える２、３歳の発達段階は、「できる」ことがどんな意味や価値をもっているのか、それが自分のイメージとして実感できるようになっているかという「結合」が問われている。子どもは、その発達段階において希い求めている自分についてのイメージがある。それは、発達要求の重要な側面である。求めている自分のイメージに満たされることによって、その発達段階にいる自分をいっそう豊かにする意欲、つまり「心のバネ」が育っていく。そのように、それぞれの発達段階で子どもが抱く「こうありたい自分」のイメージの内容を知ることは、教育や療育の内容や方法を考案していくことに、重要な手掛かりを与えてくれることになろう。

5　「○○しながら□□する」という二つの変数を結合する発達段階と指導の視点

　「踏切カンカンしてごらん」と言いつつ、検査者のモデルに合わせて両手を交互に開閉したり、モデルを提示しないで同じことをする「両手の交互開閉」課題をみよう。２歳から３歳の前半にかけては、「開く－閉じる」という活動を繰り返し行うことはできるが、そこに左右を交替するという「もう一つ」の操作をつなげることはむずかしい。モデルが提示されても、２、３回の交互開閉が精一杯である。３歳中頃になれば、モデルに合わせて交互開閉できるようになるが、同時開閉にもどってしまうこともある（写真9）。
　しかし、このような未熟さのなかに、自己を対象化し、なんとか態勢

を立て直そうとする努力や意志がみられないだろうか。つまり再び交互開閉に立ち戻ろうとするような自己修正の力が芽生え始めるのである。

　4歳頃は、自分なりに「コツ」をつかんで自己修正しようとする力がたしかになり、二つの操作を結合してまとまりのある活動を構成することができるようになる（**写真10**）。その矛盾との格闘によって、「〇〇しながら□□する」という二つの操作を協応させる巧みさが獲得されていく。「両手の交互開閉」課題は、「開く－閉じる」という操作と左右の交替という操作を結びつける点で、この協応の典型を見ることができる。

　全身運動においては、片足を上げながら前進しようとする「ケンケン」ができるようになる。3歳中頃では、まだどちらかの足の方が上手という左右差があるが、4歳になればどちらの足でもできるようになるだろう。

　日常生活においては、弱手でご飯茶わんを持って利き手の箸で食べること、弱手で持った紙の向きを調整しながら、利き手のハサミで曲線切りに挑戦することなどができるようになっていく。

　このような手の操作や全身運動とともに、情報処理にも同じような特徴がみられる。たとえば、「4、7、3、9」などと検査者がゆっくり唱えた聴覚刺激を復唱する「4数復唱」課題では、3歳の前半においては「7」や「3」が欠落してしまう。この復唱は、「4、7」と「3、9」という二つの単位に区分し、それを結合して記憶するという2段階の情報処理を必要としているのだが、おそらく二つの単位を結合しようとすると、「7」や「3」という間に挟まってインパクトの弱い刺激が欠落してしまうのだろう。子どもは刺激通りの復唱ができていないことがわかるので悔しい思いもするが、やがて4歳になれば余裕をもって復唱できるようになっていく。

　障害のある子どもたちのなかには、このような二つの異なった操作を協応させ結合するという「2次元可逆操作」の獲得の困難を原因として、日常生活において、手指の操作で思ったように構成・表現できない「不器用さ」や、全身運動のバランスの調整や上下肢の協応のむずかしさ、1

写真 9

3歳3か月児。「両手の交互開閉」課題に挑戦。

①左右をモデルに合せて開閉しようとするが、右手、左手と、それぞれの手に向かって運動の指令を出しているようだ。

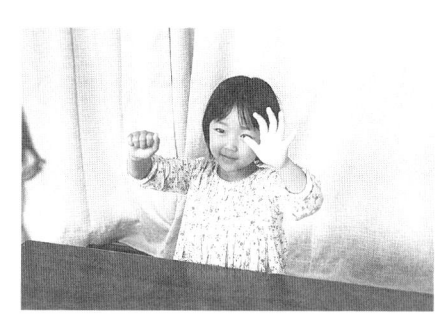

②モデルがない方が、連続で開閉できる。モデルに合わせながら、左右の手を開閉するという「○○しながら□□する」の操作は、3歳前半では「産みの苦しみ」のときである。

③うまくいかずに、ちょっとふざけてみせる。

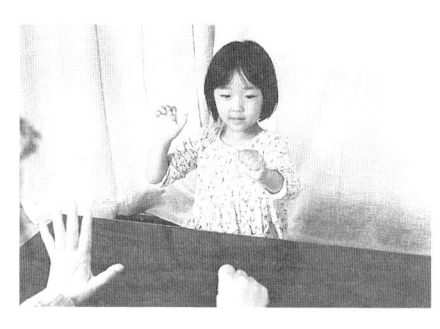

④それでも上手にしてみたい心は、自分を励ますように、もう一度モデルへの挑戦を行おうとする。

第5章 発達の過程と指導の視点　153

写真 10

4歳8か月児。積木の「門の模倣」に挑戦。

4歳後半になると、このように自分の実践から学び、コツを考えだし、自己修正を試みるようになっていく。

①手本を見るだけで、両脇の「斜め」の構成の真ん中に、「斜め」の積木を入れるという形をとらえて、最後の仕上げをしようとしている。

②結果として、両脇の積木が落ちてしまった。

③再挑戦しようとして、両脇の積木を作り直す。

④「ここがうまくいかなかったんだよな」と心のなかで呟くようにして、再挑戦のための態勢を整えようとする。

⑤今度は失敗しないようにと、もっとも大切なコツだと考える「間」を指さし、

⑥そして調整する。

⑦両手で慎重にのせ、

⑧今度は完成させることができた。

第5章　発達の過程と指導の視点

回聞いただけでは覚えられない・理解できないという情報処理や記憶のむずかしさが目立つこともある。

　このような「不器用さ」を見出すと、教育は往々にして苦手な手指操作や全身運動、記憶情報処理を直接的な指導課題にしたり教材化する傾向がある。そのことを第1章で「むき出しの課題」と称した（28ページ）。すでに自らの能力を「できる−できない」「じょうず−へた」というように二分的対比でとらえ始めている子どもたちにとって、苦手さをいっそう自覚することになってしまうかもしれない。自らの機能・能力を対象化して、悲しい思いをしつつ現実とたたかっている子どもの内面は見過ごされている。

　先に述べたように、この発達段階の子どもには、試行錯誤のなかから自分なりにコツをつかんで自己修正していこうとする力が生まれ始めているのだ。その思いを受け止めて、コツを提示していくような対応が求められよう。しかし、何より大切なことは、本当に魅力的で、楽しそうで、心もからだも動いてしまう活動ならば、子どもは思いを高め、自らの不器用さにもめげずに、がんばって挑戦しようとするはずだ。あるいは、そのことの意味や価値を子ども自身が認識して、生活のなかで主体的に身につけられるような指導が工夫されるべきだろう。一度で理解し記憶することができないことに対して、さりげなく説明を重ねるような丁寧さも、もちろん大切である。

6　系列的認識の獲得される発達段階と指導の視点

5、6歳頃の主客を転倒させる「生後第3の新しい発達の原動力」の生成──系列的認識と「だんだん大きくなる」自分への願い

　「だんだん大きくなる丸を描いてごらん」という「円系列」課題がある。それは、「だんだん大きく」という規準枠を最後まで忘れることな

く、マルをつなげて描く力をみる課題である（**写真 11**）。ふつう5歳中頃から描けるようになる。それまでの対比的認識に加えて、「小」よりも大きい「小」があり、「大」よりも小さい「大」があることを区別して認識できるようになっていく。その結果として「小」でも「大」でもない「中くらい」という中間項の認識が可能になっていく。

　つまり「大中小」という認識が獲得され始める。「一番遠いところ」「一番近いところ」「中くらいに遠いところ」などという空間の認識、「きのう」「きょう」「あした」などという時間の認識もつくられていく。「赤と白を混ぜたらピンクができるよ。私は、薄いピンクが好き」などと中間色をつくる喜びを感じるようにもなる。色ばかりではなく、音色、味覚などにも、微妙なニュアンスを感じ、そのニュアンスに心をひかれ、自分の「好み」を認識するようになっていく。「お父さんとお母さんとどっちが好き」と問われれば、「それはむずかしい質問やな」とはぐらかして、それ以上は答えない。

　このような「だんだん」や「中くらい」がわかるようになることを系列的認識という。このような中間項が認識されていく発達段階を、三つの操作を「結合」するという特徴によって「3次元可逆操作期」という。5、6歳は、その芽生えの時であり、「3次元形成期」とされている。これらの力は新しいコミュニケーション手段としての書き言葉の獲得を主導し、その力によって子どもは主客を転倒させてゆく。9歳頃の飛躍のための「生後第3の新しい発達の原動力」の誕生のときである。

　この力は、「伝えたいこと」という話のテーマを意識して、そのテーマのもとで言葉を選び、伝えたいことを表現することにもつながっている。これは、「お話」を創る力、あるいは「ストーリー」がわかる力であり、文脈形成力と称されている。生活においては、カレーライスをつくるためには何を買ってきたらよいか、どんな順序で調理したらよいかなどと、見よう見まねで段取りを立てる力も生まれてくる。しかも、一人だけで考えるのではなく、友だちと意見を言い合い、ぶつけ合い、自分の考え

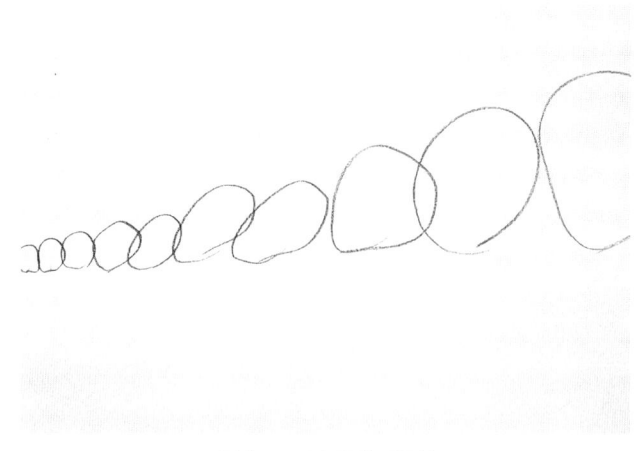

写真 11　円系列の課題

を見つめ、ときどき修正しながら、力を合わせて作れるようになっていく。

　そうやって、子どもだけで計画することに喜びを感じ、親や先生の「口出し」を嫌がるようになる。不十分であっても、自分たちでやり遂げたという実感が、子どもたちの自尊心をいっそう強めることになる。その達成感が、「伝えたいこと」の中身にもなり、「お話」はしだいに豊かになっていく。「伝えたいこと」が豊かであることによって、テーマをもった話を表現するための書き言葉を必要とするようになっていく。

　書き言葉が育つ生活の培養土が乏しいと、子どもはついつい自分の「伝えたい」経験のかわりに、創造の世界だけで「お話」をつくってしまう。「今日、保育所に来るときに、大きなトラックがワァーってやってきてな、足踏まれたねん」などと。それを聞いている大人にとっては、あまりにも現実離れした話なので、「うそ」ばかり話しているように感じられるかもしれない。でも子どもは「うそ」をつくつもりなど、まったくないだろう。

　書き言葉が育つ生活の培養土を豊かにするためにも、子どもを生活の

客体にするのではなく、主体として尊重したいと思う。大人が善悪を判断する規準となり、「良いこと」「悪いこと」の弁別を子どもに求めるような「道徳」学習のなかでは、子どもは何も言えなくなってしまう。要求や気持ちは言葉にして述べてよいのだと知ること、自分の要求と同じに友だちの要求も大切なものであること、互いを思いやりながら力を合わせることは大きな喜びであることを、子どもたちには主体的な活動のなかで学んで行ってほしい。実は子どもは、教師をはじめとする大人に、そのような他者の思いを受け止め、言葉を聞き取ろうとする姿勢があるかを、心の目で観察している。大人の姿は何も語らずとも、教育そのものである。

「自分たち」で生活や遊びを創れることは、過ぎ去ったときのなかにいる自分とは違う、「大人になった自分」を実感できる契機になる。「だんだん大きくなる」が認識できることによって、「去年は泣いてばかりいたけれど、今年は我慢するようになった自分」「友だちにやさしい導きの手をさしのべられる自分」などと時間の軸の上で自分の変化を見つめるようになっていくだろう。

「大きくなりたいがなれない」自分

「だんだん大きくなる自分」を願うことは、「そうありたい自分」を認識し、その目標に向かってがんばろうとすることでもある。友だちに負けると悔しく、しかし、その悔しさを人に見つけられるのはもっと嫌なので、隠れて縄跳びの練習をしたりする。人は皆、目標に立ち向かうなかで自分の現実と可能性を認識するようになっていく。この発達段階は、自分のことをいろいろな面で見られるようになるための試練のときでもある。子どもは、イライラしたり、落ち込んだり、大人のアドバイスを受け入れられなかったり、「学校へ行かない」と言い出したりするかもしれない。

障害をもっている子どもの場合、失敗経験や他者との比較のなかで、

「思い通りにならない」経験の蓄積が、劣等感として人格にはりついてしまうことがある。むずかしい課題を要求され続けたり、集団のなかで「できない自分」を実感し続けたりすると、「小さい自分」しか見えなくなってしまう。その貧困とも言える自己認識と「だんだん大きくなりたい」という発達要求との矛盾は、ときとして自分よりも弱いものへの攻撃的な行動や自暴自棄の言葉、そして「先生のバカ！」などという言葉になって現れることがある。その行動を表面的にとらえて叱りつけ、罰を与えたりすると、いっそう否定的な自分を実感することになってしまう。周囲から否定される行動をあえて取ろうとする裏には、発達要求と「思い通りにならない自分」の矛盾に悩む心がある。

他者への視点変換と「やさしい導き手」への願い

　この発達段階では、「大きい自分になりたい」という自己中心的な願いを脱却して、自分より小さい友だち、弱い友だちの立場に視点を移して考えることのできる「やさしい導き手」になり始める。しかし、自分が「小さい」「弱い」存在でしかないと、そんなやさしさは消え、小さいもの弱いものを、なぜか嫌悪するようになる。自分を見ているようで嫌なのだろうか。自分のなかに生まれた「やさしさ」に気づき、小さきものへの導き手になるために、何が大切なのかを考えたい。

　Sくんは、系列円、つまり「だんだん大きくなる丸」が書け始める発達段階で小学校に入学した。しかし、「だんだん大きくなる」自分がほしいという自己形成の願いをかなえることは容易ではなかった。中学校は特別支援学校に進学し、クラスではリーダーとしての役割を果たすことになった。しかし、手指操作が苦手で、ずっと劣等感をもっていた。クラスの友だちは針で雑巾縫いに挑戦するのだが、リーダーであるべき彼は、教室から逃げていってしまうこともあった。先生は思案し「Sくんは一番のお兄さんだから、学校のミシンに挑戦してみるか」と問いかけてみた。それは彼の自尊心をくすぐるのに十分な言葉だった。しかも

やってみると、みんなが手で1枚を縫い上げる時間で、Sくんは7枚も縫いあげ、それを仲間にプレゼントすることもできた。そのときの作文には、「ぼくはうれしくてうれしくて…こんなに尊敬されたのははじめてです」という言葉が繰り返し書かれることになった。

不器用なこと失敗することはあっても、「いつかきっとうまくいくよ」という自分への楽天性をもっているからこそ、「やさしい」自分になろうとする自己形成と自己変革の願いはたしかになっていく。自分が変化できるという感覚と認識こそ、他者の変化にも幸福を感じ、その他者のために手をさしのべる心へとつながっていく。

そんな自己形成のための舞台は、子ども集団をおいて他にはない。他者との関係、集団との関係で自分を認識することは、ときにきびしい試練を与えるが、その試練があるからこそ、仲間のなかでの自己変革を遂げる喜びを味わうことができるのである。

7　発達理論の指し示すところ

発達理論の指し示すところは、障害の有無によらず、すべての子どものなかに共通に存在する発達の事実であり、その事実には、普遍的な法則が貫かれている。しかし、このような共通性、普遍性のみでつくられるならば、人間はすべて同一になってしまうだろう。実際には、一人ひとりは性も躯体も声も違い、また性格も異なった個性的な存在である。

共通性、普遍性をもっているということと、一人ひとりは個別な存在であることは矛盾しないのか。本書で述べてきたように、人間の発達も矛盾に満ち、その矛盾は大きく深い。また、矛盾を原動力として乗り越えていく発達の質的転換期も、容易ならざる過程である。その法則的な過程があるからこそ、一人ひとりの人間は、自らの環境のなかで、自らの発達要求をもって、たたかいつつ自分らしい能力と人格を獲得、形成

していくことができる。共通性、普遍性のある発達の道を歩きながら、一人ひとりの発達へのたたかいはきわめて個別的なものにならざるをえない。つまり普遍的な過程があるからこそ、そこから創りだされる一人ひとりの発達は、豊かな個別性を生産していくことができる。

　理論学習は共通性、普遍性を認識することであり、その視点だけでは、一人ひとりの発達のたたかいはリアルにはみえてこない。一人ひとりの発達の事実を、ありのままとらえる視点をもち合わせていなければならないのだ。理論に従属せず、実践のなかで子どもにはたらきかけて、みえてくることを丁寧に拾いながら、一人ひとりの子どもに応じて検討していく姿勢が必要になる。つまり、発達の理論学習を生かすためには、子どもの事実を観察、記録、分析し、実践過程を集団的に検討していく実践研究の力量が同時に求められている。本章は、その一つの手掛かりになることを願って書き進めたものである。

註　本章の事例は、拙著、参考文献③からの引用である。

参考文献
①奥住秀之・白石正久編（2012）自閉症の理解と発達保障．全障研出版部．
②白石正久（1994）発達の扉・上巻——子どもの発達の道すじ．かもがわ出版．
③白石正久（1999）発達とは矛盾をのりこえること．全障研出版部．
④白石正久（2007）自閉症児の世界をひろげる発達的理解．かもがわ出版．
⑤白石正久・白石恵理子編（2009）教育と保育のための発達診断．全障研出版部．
⑥白石正久（2011）やわらかい自我のつぼみ——3歳までの発達と「1歳半の節」．全障研出版部．
⑦田中昌人・田中杉恵著（写真・有田知行）（1982-1987）子どもの発達と診断　全5巻．大月書店．

おわりに

「かわいいお弁当」

　こんなことを語った学生がいました。教育実習でのこと。校外学習の日、ある小学部の子どもさんのお弁当をのぞいてみると、その子の口の大きさや食べる力にあわせた、とても小さいハンバーグや野菜が、ていねいに盛られていたというのです。学生は、そのお弁当の向こうに、朝早く起きて、特別な日のためにこれを用意してくれているお母さんの姿を思い浮かべて、胸が熱くなったと言うのでした。

　それから、その授業に参加していた学生たちとこんな話をしました。「子どもたちが毎日養護学校に背負ってくる、その鞄。そこには『キティーちゃん』や『ドラえもん』が描かれていたりするのですが、それらをわが子とお店で選んでいるお母さん、お父さんの姿を思い浮かべると、その鞄に、そして学校に、わが子の未来への希望を託す親の心がみえるようです。私たちは、そんな親の負託にこたえる教師になりたいと思います」と。

　ほかならぬ大学の教員も、私学においては年額100万円を超える学費を納入し、わが子を大学に通わせようとしてくれる親の愛情の負託を受けているのです。この金額が、一般的な労働者家庭において、どのような意味をもつかは説明を要しないでしょう。私は折にふれて、一人ひとりの学生の親の労働については知るように努めています。それは学生を理解する一つの要諦ですが、それ以上に学生の向こうに親の労働がみえるときに、背筋を伸ばして向き合い、親以上の愛情をもって彼らの未来を考えたいという気持ちにさせられるからです。

折しも、「格差と貧困」を拡大再生産するこの国の「仕組み」が暴かれようとしていますが、教育労働に就き、相応の報酬を得ている私たちは、その生活現実を自己体験するものではありません。しかし、教育に託すささやかな希望すら奪われかねない子どもや学生、そしてその家族のことを想うとき、静かな怒りがこみ上げてきます。高等教育を望んでも諦めざるをえない青年は、実に多いはずです。彼らが、このように選別されることになるならば、それはささやかな教育への希望すら持てない社会のなかで働かなければならないという矛盾に、教師を陥れることになるでしょう。

　この「格差と貧困」を生み出す日本社会の沼から這い上がり、希望に映える社会建設へと歩み行くために、たくさんの人と手をつなぎあいたいと願います。

滋賀県民主教育研究所（滋賀民研）『手をつなぐ』（2009年2月号）

　この文は、私が龍谷大学社会学部に転じた年に、滋賀民研の機関紙『手をつなぐ』に寄稿したものです。それから6年、たくさんの学生たちと滋賀県大津市瀬田にあるキャンパスで過ごしてきました。今年（2014年）の春には、私の誕生日を祝ってくれるということで、卒業生、在校生がたくさん集まってくれました。大学の管理運営の世界に引き込まれて苦労している私のことを気遣って、楽しい時間を用意してくれたようです。

　毎年、ゼミで学生を引き受け、どの学生にも等しく愛情をもって接することを心掛け、今日まで来ました。そうは言っても、一人の大学の教員にできる教育など限られたものです。だからこそ、できるだけ学生のなかにとどまり続け、彼らの実践のなかで生きてはたらく力になっていくものを精選して伝えたいと思っています。その一つが、子どもたちの背後にある生活を想い描くことのできるイマジネーションの大切さです。

　もともと子どもの発達を理解することは、発達要求に代表される内面

の世界や発達の法則を認識するための、目には見えないものへの透視眼を必要としています。それと同じに、子どもの背後にあり、発達に深く関わる生活過程と家族の歴史を想い描くことができる透視眼をもった労働者になってほしいと願って、教育してきました。

　障害があるかも知れないと告げられ、乳幼児健診の経過観察を受けるために保健センターの無機質な廊下でわが子を抱えて待った時間のこと、母親の実家の祖父母にそのことを伝えたときの涙のこと、通園施設の入園式で味わった希望と諦めのないまぜになった感情のこと、保護者会で初めて涙なしでわが子のことを語れた日のこと。それらをみな、記憶の底にとどめながら、母親はわが子の手を引いて学校の門をくぐります。父親もまた、障害のある子どもの父親として生きるとはどういうことなのかを自問しつつ、ときに嘆息し、そうした自分を省みながら、母親をそっと支えてくれているはずです。

　しかし、こういった愛ある現実とは裏腹に、障害者自立支援法を象徴として、障害をもつことも自己責任であり、応分の利用料負担をしながら生きることが国民の責務であるとする政治が大手をふってまかり通る時代になってしまいました。それのみならず、いま学齢期の子どもをもつ親の多くは「就職氷河期」を経験しており、非正規雇用が常態化し、大企業による下請けの買い叩きが横行し、農家の収入が安価な輸入農産品の影響で急降下していった時代を引き受けて生きてきた世代です。その一方で、大企業には空前の内部留保が貯まりました。この世代は、そういった苦しさも「負け組」の自己責任のように吹聴されながら、厳しい労働のなかで生きるために歯をくいしばってきたはずです。

　卒業生たちは、その親と子どもが引き受けてきた生活と労働の現実を、想い描くことのできる労働者になってくれているでしょうか。想い描くとは、悲嘆にくれて共に涙を流すことではないと思います。想い描くことができた以上、そこに幸福の追求を妨げている問題があるならば、それをよく知り、その解決のために力を合わせていこうとするのが、最も

自由な生き方のように私には思えます。

　そして私たちは、障害者自立支援法が消えざるをえなかったように、幸福に生きようとする願いが手を結び合えば、その手の力強さによって不条理は克服されていくことを、歴史のなかで学んできました。子どもの発達の原動力の力強さを信頼することと同様に、社会のなかに存在する矛盾を原動力とする社会の進歩を信頼できるようになりたいと思います。その信頼は、「より良く生きようとする願い」を受け止め合い、力を合わせて社会にはたらきかける実践と運動のなかで生まれることでしょう。そして、その実践や運動を進めていくためには、粘り強い実践研究や理論学習が必要です。

　私は学生時代、そして働くようになってからも、「格差と貧困」の元凶は何かを解き明かそうとする経済学を学び続け、賃金の価値以上に労働者を働かせ、それを剰余価値として手元に蓄積していこうとする資本主義の本能的な動機、つまり、まじめに働く人々を搾取する支配関係が、社会の矛盾をつくっていることを知りました。知ったことによって、一人の努力だけではどうにもならないことは、みんなで力を合わせて変えていかなければならないと考えるようにもなりました。これらの理論学習は、ものごとの本質を見抜き、粘り強く人や社会と向き合っていくことの大切さを教えてくれ、私の人生をずいぶん自由にしてくれました。

　本書は、発達的認識を教育や療育の指導に生かすための視点や方法を論じようとしたものですが、実はそのテーマのもとで、発達要求は「人としてより良く生きようとする願い」であるゆえに、社会の進歩への要求と必ず結びつかざるをえないこと、個人の発達を妨げるものがあれば、それは社会の進歩を妨げるものでもあることを書こうとしていたのです。そして、その妨げるものを克服し、個人の発達と社会の進歩を実現していくためには、要求によって手を結び合い、力を合わせていく集団的な実践や理論学習が大きな力になることも、言外に表現したかったのです。

そのような本書の意図は大きすぎ、私の能力を超えるものでした。しかし、若い世代は、私たちよりももっと良く生き、働いて、私たちを乗り越えていってくれるでしょう。そのことを信頼するからこそ、私も先輩たちから受け取ったバトンを落とすことなく走り続け、新しい世代に誇りある伝達をしたいと願っています。

＊

　本書の三つの章は、初出の以下のような内容がありますが、いずれも大幅に加筆を施しました。

　　第2章　療育における指導とはなにか…初出『障害者問題研究』第37巻　第3号「療育における指導とはなにか」
　　第3章　子どもが意味や価値を発見できる教育…初出『障害者問題研究』第36巻　第3号「障害児教育における発達的指導について」
　　第4章　教材研究に発達の視点を生かす…初出『障害者問題研究』第38巻　第4号「発達の源泉としての教材」

　本書の写真に協力してくれた子どもたちと白石恵理子に感謝します。また、編集の労をおとりいただいた全障研出版部の梅垣美香さん、ありがとうございました。

2014年7月15日
白石　正久

著者　白石正久　しらいし　まさひさ

1957年生、群馬県生まれ。
京都大学、同大学院で学ぶ。
障害児の発達診断、障害児教育専攻。
龍谷大学社会学部教授。
全国障害者問題研究会副委員長、『障害者問題研究』編集委員長。

著書に『改訂増補・子どものねがい・子どものなやみ』(2013) クリエイツかもがわ
　　　『やわらかい自我のつぼみ』(2011) 全障研出版部
　　　『自閉症児の世界をひろげる発達的理解』(2007) かもがわ出版
　　　『発達をはぐくむ目と心』(2006) 全障研出版部
　　　『発達とは矛盾をのりこえること』(1999) 全障研出版部
　　　『発達の扉　上巻』(1994)『発達の扉・下巻』(1996) かもがわ出版
共著に『保育者のためのテキスト障害児保育』(2013) 全障研出版部
　　　『自閉症の理解と発達保障』(2012) 全障研出版部
　　　『教育と保育のための発達診断』(2009) 全障研出版部　　　　　　他

写真に登場した子どもたち　　佐々綾音さん　　小林昭太くん　　竹内彩結さん
　　　　　　　　　　　　　　中島紬希さん　　西川楓太くん　　松島奏くん
　　　　　　　　　　　　　　松島葉さん

本書をお買い上げくださった方で、視覚障害により活字を読むことが困難な方には、テキストデータを準備しています。ご希望の方は、下記の「全国障害者問題研究会出版部」までお問い合わせください。

発達と指導をつむぐ　　教育と療育のための試論

2014年8月9日　　初版第1刷　　　　　　定価はカバーに表示
2018年3月1日　　　　第3刷

著　者　白石正久
発行所　全国障害者問題研究会出版部
　　　　〒169-0051　東京都新宿区西早稲田2-15-10
　　　　　　　　　　西早稲田関口ビル4F
　　　　Tel. 03-5285-2601 Fax. 03-5285-2603
　　　　http://www.nginet.or.jp

印刷所　マルコー企画印刷

©2014　SHIRAISHI Masahisa　　ISBN　978-4-88134-325-8